Alp Trida
Spiss
Compatsch
Laret
Ravaisch
Landeck
Zeblas
Plan
Samnaun
P. Mundin 3146
Vinadi
Heidelberger-Hütte 2264
Stammerspitze 3254.4
V. Sampuoir
V. Fenga
Muttler 3294
Augstenberg 3230
P. Davo Lais 3027
Motta d'Alp
Martina
Nauders
P. Tasna 3179
V. Chöglias
Tschlin
P. Champatsch 2919
V. Laver
Alp Pradatsch
Chaflur
Schlamischot
V. Urschai
P. Minschun 3068
V. Sinestra
Alp Discholas
Strada
Hotel Sinestra
Vnà
St. Niclà
Raschvella
Seraplana
Alp Spadla
Ftunas
Ramosch
Ch.Schlivera 2391
Ch.Naluns
Alp Laret
Motta Naluns
Clozza
Crusch
V. Tasna
Prui
Sent
BAD SCUOL
Sur En
S-chalambert Dadaint 3030
V. d'Assa
En
Scuol
Ftan
Ardez
Pradella
P. Ajüz 2790
Tarasp
V. d'Uina
Vulpera
V. Lischana
Lischana 3105
Ch. Lischana 2500
V. Plavna
V. Zuort
P. Pisoc 3173.5
Clemgia
P. Nair 3008
Lais da Rims
P. Madlain 3098
P. d'Immez 3026
Foraz da Vallatscha
P. Plavna Dadaint 3166
V. S-charl
V. Minger
V. Sesvenna
P. Sesvenna 3204
P. Foraz 3092
V. Foraz
S-charl 1813
V. Tavrü
P. Tavrü 3167
Il Fuorn
Alp Plazer
Cruschetta 2296
V. dal Botsch
Stabelchod
Alp Praditschöl
Tamangur
F. Funtana da S-charl 2393
V. Nüglia
Tamangur Dadaint 2122
V. Costainas
Costainas
P. Daint 2968
Tschierv
Lü
Lüsai
Müstair
HAUSAMANN
Fuldera
V. Mora
Valchava
Sta. Maria

Hiebeler · Allegra

Toni Hiebeler

ALLEGRA

Unterengadin im Sommer und Winter

Mit 125 teils farbigen Abbildungen, Zeichnungen und Kartenskizzen sowie einer Einführung und Inhaltsangabe in englischer und französischer Sprache

3. Auflage, überarbeitet und ergänzt
von Mathias M. Hiebeler

Verlag J. Berg München

3. Auflage, 1988
ISBN 3-7634-0683-2
Printed in Germany

Inhalt

Allegra

Bekenntnis eines Alpenkenners

Wenn man als Bergsteiger, Wanderer und Skifahrer über drei Jahrzehnte durch die Alpen gezogen ist, von Ost nach West, von Nord nach Süd und umgekehrt, zwischendurch auch mal in den Bergen der Welt herumschnupperte, dann bleibt man irgendwann in einem bestimmten Gebiet hängen. Gleich wie im Leben. Man hat plötzlich kein Verlangen mehr nach Großräumen, wendet sich vom Monumentalen ab und zum Detail mit all seinen Köstlichkeiten. Und zum Menschen in der liebgewonnenen Landschaft; seiner Geschichte, seiner Eigenart. Mir ist das Unterengadin ans Herz gewachsen. Ein Schweizer Freund, der seine Heimat durch und durch kennt, sagte mir vor Jahren: »Schau Dir's einmal an.« Ich tat's. Und es war Liebe auf den ersten Blick. Jeder kennt dieses Erlebnis, sei es in einer fremden Stadt, in einem Dorf, einer Landschaft: schon nach den ersten Minuten kann man sich wohlfühlen, spürt man einen Hauch von Geborgenheit und schließlich den brennenden Wunsch, das Ganze zu ergründen, zu erfassen, zu erleben. In diesem Ganzen muß alles zusammenwirken. Auf das Unterengadin bezogen: die Berge, die Gesamtheit der Landschaft mit ihrem milden Klima, die reiche und lange Vergangenheit, die Menschen, zu denen man ungewöhnlich schnell Kontakt bekommt; nicht zuletzt die weitgehend in ihrer Ursprünglichkeit erhalten gebliebenen Dörfer, die man angesichts der steigenden Zahl anonymer Retortenzentren mehr und mehr wieder schätzen lernt. Erst wenn dieses Ganze stimmt, dann interessieren mich auch die Möglichkeiten als Skifahrer, Langläufer, Wanderer, Bergsteiger, Erholungsuchender und Wildwasserfahrer. So wurde das Unterengadin zu meiner zweiten Heimat. In ihr möchte ich die schönsten Momente meines weiteren Lebens verbringen, in ihr möchte ich sterben. Ich bin zwar kein Engadiner, aber ich sage es mit Begeisterung, mit Überzeugung: »Ma bella val, mi'Engiadina«, Mein schönes Tal, mein Engadin (Anfang des schönen Heimatliedes), hat dieses Unterengadin doch einen Teil meines Herzens erobert.
Meine erste Begegnung mit dem Unterengadin erlebte ich 1946 als grünes, aber bergbegeistertes Bürscherl. Da war es noch verboten, als Bergsteiger die Grenzen in den Bergen zu überschreiten. Aber meine Sehnsucht nach der Ferne ließ mich in der Silvretta, genau am Vermuntpaß, die Grenze vergessen – bis ich im Val Tuoi einem Schweizer Zöllner begegnete. Der nahm mich mit nach Guarda und Ardez, wo ich plötzlich eine andere Sprache hörte und Häuser sah, über deren Schönheit ich nichts gewußt hatte. Bald war man von der Harmlosigkeit des »mattin« (Bübchen) überzeugt – mit zwei Tafeln Schokolade, die mir von der Zöllnerfrau zugesteckt wurden, trat ich den langen Rückweg an. Begeistert über dieses Bergland und seine Menschen.
Hier leben die Rätoromanen. Die Rätoromanen grüßen sich mit »Allegra« – »Freue dich«. Freue dich, daß du lebst, daß du gesund bist, daß wir uns sehen. Umgewandelt könnte man sagen: Freue dich aufs Unterengadin – Allegra!
Dieses Buch – mein fünfzehntes – entstand im Unterengadin, wodurch die Arbeit für mich zu einem besonderen Vergnügen wurde. Denn wenn die Sonne lachte, nahm ich meine Brettl, meist die leichten, um die Loipen zu genießen – oder meinen Delta, um mich den Freuden eines Höhenfluges hinzugeben. Und abends saß ich oft in einer gemütlichen Ustaria, zusammen mit meinen Freunden.
Bleibt mir nur noch zu danken übrig. All den Menschen im Tal, die mir beratend und mit Informationen zur Seite standen: Clà Biert, Scuol-Sent; Jachen Curdin Toutsch, Zernez; Johann Fanzun, Schloß Tarasp; Corsin und Jon Feuerstein, Scuol; Otto Gaudenz, Lavin; Jachen Ulrich Gaudenz, Altpfarrer von Scuol; Norbert Grond, Müstair; Werner von Hoven, Guarda; August Koller, Tarasp; Jon Mengiardi, Ardez; Georg Peer, Museum Scuol; Peder Rauch, Pro Engiadina bassa, Scuol; Hans Ruedi Schmidlin, Bergbahnen

◁ *Hinteres Val S-charl mit dem Bergbach Clemgia; Blick auf Piz Murters.*

Scuol; Dieter Sierk, Scuol; Victor Stuppan, Ftan; Anton Zanotta, Sent, und Pfarrer Karl-Peter Zipperlen, Tschlin. Ganz besonderen Dank verdient Balser Biert, der mich unermüdlich beriet. Im verdanken wir die Beschreibung der herrlichen Panorama-Höhenwanderung, die übersetzten Kurzfassungen der satirischen Dorfgeschichten aus dem Rätoromanischen von Gudench Barblan (1860–1916) und viele andere Übersetzungen, die mir als Informationsgrundlage dienten. Und Dr. Domenic Gaudenz, Scuol, dem zweifellos besten Kenner des Tales und seiner Geschichte, der mir viele Anregungen vermittelte und sein bedeutendes Nachschlagmaterial zur Verfügung stellte – a tuots ün cordial grazcha fich!

Der Einleitung zur Erstauflage 1976 habe ich nur diesen einen Satz hinzuzufügen: Ich habe das Tal mit seinen Menschen noch mehr lieben und schätzen gelernt.

April 1980 *Toni Hiebeler*

Als Bergsteiger alt zu werden und das möglichst noch im Unterengadin blieb für Toni Hiebeler ein unerfüllter Wunsch. Ein Helikopterabsturz im November 1984 setzte seinem bewegten und abenteuerlichen Leben ein zu frühes Ende. Auch wenn Toni Hiebeler die Überarbeitung dieses Buches zur dritten Auflage selbst nicht mehr durchführen konnte, so ist es dennoch »sein« Buch geblieben. Alle zusätzlichen Beschreibungen und Erlebnisberichte stammen noch aus seiner Feder. Bei der erforderlichen Aktualisierung aller Informationen leisteten mir viele seiner Freunde bereitwillig Hilfe. Vor allem hervorheben möchte ich Balser Biert, ohne dessen Unterstützung diese Auflage nicht zustande gekommen wäre. Allen ein herzliches Dankeschön.

September 1988 *Mathias Hiebeler*

Engiadina Bassa

Zwischen Martina und Zernez

Für den flüchtigen Betrachter oder Reisenden ist Engadin Engadin, auch wenn sich das Unterengadin – das Engiadina Bassa – vom Oberengadin – Engiadin'Ota – grundlegend unterscheidet. In der Landschaft, Vegetation, im Klima, in den Baulichkeiten, den Menschen und ihrer Sprache, in allem. Sogar im Fremdenverkehrsbetrieb.
Der Inn ist zwar die Lebensader des Haupttales, aber beide Talregionen führen ein eigenständiges Leben. Das Unterengadin ist schon durch seine Lage in der Südostecke der Schweiz in eine außergewöhnliche Situation versetzt. Bei Martina, wo sich der Inn durch die düstere Finstermünzschlucht seinen Abfluß hinaus nach Tirol erzwungen hat, betreten wir, von Österreich kommend, das Unterengadin. Entweder direkt auf der Schluchtstraße oder von Nauders bzw. Südtirol über die Norberthöhe (1408 m). Das Samnaun gehört zwar auch noch »dazu«, aber es ist noch einmal etwas anderes, auch vom Menschenschlag her (von der zollfreien Einkaufshysterie gar nicht zu re-

Lai Raduond oberhalb Ardez mit Blick auf die Nuna-Gruppe.

den). Von Martina über Strada, Ramosch, Crusch, Bad Scuol, Ardez, Giarsun, Lavin und Susch bis nach Zernez, oberster Ort im Unterengadin, sind es 41 km. Dazu kommen die Dörfer und Weiler an der linken und rechten Talseite. Links des Inns: Tschlin, Chaflur, Seraplana, Vnà, Sent, Ftan, Bos-cha, Guarda. Rechts des Inns: Sclamischot, San Niclà, Raschvella, Sur En (Sent), Pradella, Vulpera, Tarasp, Vallatscha, Sur En (Ardez). Hauptort des Unterengadins ist Bad Scuol. Im Norden bilden Silvretta- und Samnaungruppe die natürliche Grenze, die zugleich auch die Staatsgrenze zu Österreich (Tirol und Vorarlberg) ist. Im Süden und Südosten die Münstertaler Alpen mit dem Schweizer Nationalpark, der Nuna-, Plavna-, Pisoc-, Lischana- (auch »Engadiner Dolomiten«) und Sesvennagruppe, an deren Ostrand die Staatsgrenze zu Italien (Südtirol) verläuft. Im Westen der Flüelapaß, der die Verbindung zur Nordostschweiz darstellt. Das ist, grob umrissen, die geografische Situation.

Krieg und Friede

Die Geschichte des Unterengadins ist bewegt, voll dramatischer Abschnitte. Die ersten Siedler waren Kelten, zweifellos auch Etrusker, die große Masse jedoch dürfte aus Illyrien – dem heutigen Jugoslawien – und aus Venetien ins Tal gekommen sein. In Ramosch entdeckte man bei Ausgrabungen, daß hier ein halbes Jahrtausend v. Chr. eine hohe Siedlungskultur herrschte. Unter Kaiser Augustus unterwarfen die Römer nicht ohne Mühe »... dieses wilde und räuberische Naturvolk: sie metzelten einen Teil nieder und hielten die anderen durch ein Netz von befestigten Plätzen in Schach«, wie es in einem Bündner Geschichtsbuch heißt. Im 8. Jahrhundert unterstand es sogar den Herzögen von Bayern, im 13. Jahrhundert der gefürsteten Grafschaft Tirol, bis zum Zusammenschluß der Vertreter der Täler des Churer Domstifts im Jahre 1367 in Zernez zum »Gotteshausbund«. Bündner und Tiroler kämpften um Landeshoheit und Staatsgewalt. Erst 1652 erlangte die Talbevölkerung unter großen Opfern durch Loskauf Freiheit und Unabhängigkeit. Und dennoch war das Unterengadin von 1798 bis 1800 erneut Schauplatz schwerer Kämpfe. Österreicher und Franzosen plünderten und brandschatzten abwechselnd das Tal, um es in ihren Besitz zu bekommen. So ist es verständlich, daß man im Unterengadin auf die Tiroler lange nicht gut zu sprechen war. Dafür spricht auch die Tatsache, daß man den Vornamen *Max*, der an den streitbaren Kaiser Maximilian erinnern könnte, so gut wie nie antrifft. Aber nach den napoleonischen Kriegen zog endlich Friede ins Tal ein.

Die nachstehende Zeittafel vermittelt einen Überblick der Talgeschichte, deren Hauptabschnitte selbstverständlich mit der Geschichte Graubündens identisch sind:

ca. 3000 bis ca. 1800 Die Jungsteinzeit (Neolithikum) ist durch zahlreiche Funde in Graubünden belegt, wogegen über die Altsteinzeit (Paläolithikum, ca. 10000–3000 v. Chr.) keinerlei Anhaltspunkte bekannt sind. Über Jungsteinzeit-Funde direkt aus dem Tal ist zwar nichts bekannt, aber man nimmt an, daß zumindest eine zeitweise Besiedelung stattgefunden hat.

ca. 1800 bis ca. 800 Über die Bronzezeit im Unterengadin gibt es bereits klare Hinweise. Es gab kleine Siedlungen in Muotta Palü bei Susch, Las Muottas bei Lavin, Mott'Ata bei Ramosch und Russonch bei Scuol. Ausgrabungen am Kirchhügel von Scuol brachten Funde aus der spätbronzezeitlichen Melaunerkultur.

800 bis Christi Geburt Im jüngeren Abschnitt der Eisenzeit – La-Tène-Zeit (500 bis Christi Geburt) – lebten in Rätien, dem das Engadin angehörte, die Räter. Vermutliche, aber nicht klar nachgewiesene Einwanderung keltischer und illyrischer Stämme.

597 Einfall der Gallier in Oberitalien, wodurch die dort lebenden Etrusker verdrängt wurden; vermutliche Einwanderung etruskischer Splittergruppen.

58 Besetzung Helvetiens durch die Römer; römische Grenzposten sind gegen Rätien errichtet.

15 Rätien wird römische Provinz. Grenzen: Como – Bodensee-Donauquelle – Salzburger Tauern – Genfersee-Helvetien; Augusta Vindelicorum (Augsburg) ist Verwaltungssitz.

◁ *Spätherbst im Unterengadin mit Bad Scuol (im Tal) und Ftan (darüber links). Im Hintergrund die Silvretta-Südhänge mit Piz Linard (3410 m), dem höchsten Berg des Unterengadins und der Silvretta.*

Nach Christi Geburt

536 bis 539 Rätien untersteht Theodebert, König der Franken.

7. Jh. Tirol fällt an Bayern. Das restliche Rätien heißt Churrätien oder Churwalchen (walch oder wälsch = romanisch sprechend; Churerwälsch = Chauderwälsch).

930 Erste urkundliche Erwähnung des Engadins als »Vallis Eniatina«.

926 bis 954 Rätien erlebt Überfälle der Magyaren (926) und Sarazenen (940, 954).

1177 Die Dynastenfamilie der Herren von Tarasp starb aus. Das Schloß kam als bischöfliches Lehen an die Herren von Reichenberg im Münstertal.

1239 Schloß Tarasp wird samt Leuten und allem Besitz zwischen Pontalt und Martinsbruck (= Unterengadin) durch Swikker von Reichenberg an den Grafen von Tirol verkauft. Für 600 Mark (Trentiner Währung)!

1282 Am 20. Januar verfügt Bischof Konrad III. urkundlich: Das Gebiet des Grafen Meinhard von Tirol erstrecke sich bis Pontalt (bei Cinuos-chel), worauf sich fortan Österreichs Ansprüche auf das Unterengadin stützen.

1317 Die Engadiner Plantafamilie bekommt das Silberbergwerk im Val S-charl von Graf Heinrich von Tirol zugeschlagen.

1440 Angebliche Erstbesteigung des Piz Linard (3411 m), des höchsten Berges im Unterengadin, durch Jäger Chuonard, der auf dem Gipfel ein vergoldetes Kreuz zurückgelassen haben soll.

1464 Vogt Ulrich von Matsch verkauft Schloß und Herrschaft Tarasp an Erzherzog Sigmund von Österreich um 2000 Gulden; Festigung der Österreicher im Engadin. »Ein Pfahl im Fleische Bündens.«

1471 Vereinigung der Drei Bünde (21. März).

1475 »Hennenkrieg«, entbrannt durch unklare Rechtsverhältnisse im Unterengadin. Einfallende Tiroler brandschatzen Remüs (Ramosch); Vertreibung mit Hilfe der Oberengadiner.

1487 bis 1498 Auseinandersetzungen zwischen Kaiser Maximilian I. und den Eidgenossen führen zum Schwabenkrieg (auch Engadinerkrieg).

1499 Am 24. März fallen über 8000 Österreicher ins Engadin ein, gelangen bis Brail, auf dem Rückweg plündern und brandschatzen sie die Dörfer. In Scuol zwingen sie die Unterengadiner auch noch, Österreich zu huldigen. Am 22. Mai Entscheidungsschlacht an der Talenge von Calven im obersten Vintschgau gegen die Österreicher: 6000 Bündner gegen 15000 Österreicher, die unter großen Verlusten geschlagen werden.
Am 8. Juni folgt der österreichische Vergeltungszug über den Ofenpaß ins Oberengadin; am 18. Juli Einfall der Österreicher ins Unterengadin, wo sie in Tschlin von Duonna Lupa (siehe Seite 83) erfolgreich getäuscht werden.

1500 Am 27. Oktober schließt Kaiser Maximilian I. mit dem Gotteshaus- und Gerichtenbund den »Erbeinigung«-Vertrag auf zwanzig Jahre.

1504 Ein starkes Erdbeben erschüttert das Tal; vier Todesopfer allein in Ardez.

1516 Am 29. November anerkennt König Franz I. von Frankreich den Besitz der Eidgenossen und Bündner.

1526 bis 1648 Wirren und Not der Reformationszeit und des 30jährigen Krieges.

1621/22 Österreichisch-spanische Invasion. Der österreichische Oberst Baldiron dringt mit 8000 Mann durch das Val S-charl bei Scuol ins Unterengadin; auf dem Dorffriedhof leisten Männer und Frauen harten Widerstand bis zum bitteren Ende.

1652 Das Unterengadin kauft sich für 26600 Tirolergulden von österreichischer Herrschaft frei, was dem heutigen Wert von etwa 500000 sfr. entspricht. Für Schloß und Herrschaft Tarasp – als katholische Enklave im reformierten Engadin! – forderten die Österreicher 52000 Gulden (knapp 1 Million sfr.), was die Bündner ablehnten.

17. Jh. Im zweiten Drittel stirbt der Steinbock in Bünden aus, ungeachtet der Wildbannordnung von 1558 und strenger Jagdverbote von 1612 und 1633.

1679 Am 24. Dezember erscheint die erste, in Scuol gedruckte, von den Pfarrherren Jakob Dorta und Jakob Anton Vulpius ins Engadiner Romanisch übersetzte Bibel (zu besichtigen im Unterengadiner Heimatmuseum, Scuol).

1686 Österreich verkauft Schloß und Herrschaft Tarasp an Fürst Ferdinand von Dietrichstein.

ca. 1700 Jon Clos (Lienhard) Zadrell, Pfarrer von Lavin, ersteigt den Piz Linard, findet auf dem Gipfel ein Paar Steigeisen (einer der frühesten Steigeisen-Funde überhaupt).

1748 Das Val Müstair (Münstertal) kauft sich für 17 000 Gulden von Österreich frei.

1793 Eröffnung eines Ausbildungsinstituts in Ftan.

1799 Vereinigung Helvetiens und Bündens, das nun Kanton Rätien ist; Wirren und Nöte des 2. Koalitionskrieges.

1803 Tarasp wird durch Napoleon dem neu organisierten Kanton Graubünden – früher Rätien – zuerkannt.

1846 Erstbesteigung des Piz Lischana (3105 m) durch J. Coaz.

1865 Erstbesteigung am 14. Juli (Tag der Matterhorn-Erstbesteigung) des Piz Buin (3312 m) durch J. A. Specht, J. J. Weilenmann mit Pöll und Pfitscher. Erstbesteigung des Piz Pisoc (3178 m) durch Alexander Flury und Marugg.
Erste Darstellung des geologischen Aufbaues der Rätischen Alpen (»Unterengadiner Fenster«) in der Geologischen Karte der Schweiz.

1866 bis 1867 Bau der Flüelastraße.

1868 Die Grenzen des Unterengadins gegen Österreich werden endgültig festgelegt.

1871 bis 1872 Bau der 39,7 km langen Ofenpaßstraße von Zernez bis zur österreichisch-schweizerischen Landesgrenze bei Müstair (Münster).

Die Finstermünzschlucht des Inns bei Vinadi (Weinberg), bereits auf Schweizer Gebiet. Die Zollbrücke verband ehemals Österreich mit dem Unterengadin.

Oben links: Engadiner Haus mit Erker in Scuol. Oben rechts: Scuol, Engadiner Haus mit Sonnenuhr. Unten: Klassischer Backofen an der Außenfront eines Engadiner Hauses im Unterdorf von Scuol.

◁ *Lai Nair (Schwarzsee) oberhalb von Tarasp mit Blick auf Engadiner Dolomiten.*

Vins Spirituosos

1872 Ein verheerender Brand vernichtet am 1. September fast ganz Zernez: 117 von 157 Häusern brennen ab.

1877 Volksabstimmung für die Patentjagd.

1879 Erstbesteigung des Piz Sesvenna (3205 m) durch Gustav Gröger.

ca. 1880 In den Wäldern des Engadins wird das Reh erneut heimisch.

1893 Erste Skitouristen im Engadin.

1890 bis 1914 Wirtschaftlicher Aufschwung durch Tourismus und Kurbetrieb.

ca. 1900 Der sehr selten gewordene Hirsch wandert von Österreich erneut in die Engadiner Wälder.
Graubünden erläßt am 18. August ein allgemeines Fahrverbot für Automobile.
Der Dresdener Industrielle K. H. Lingner kauft Schloß Tarasp und läßt es mit großem Aufwand restaurieren (nach seinem Tode 1916 erhält es der Herzog von Hessen).

1902 Einführung des Fischereipatents; 1862 war der Fischfang freigegeben worden.

1904 Am 1. September wird im Val Minger – ein linkes Seitental des Val S-charl – durch den Jäger Padruot Fried der letzte Bär der Schweiz erlegt.

1909 Der neue Schweizerische Bund für Naturschutz pachtet am 1. Dezember von der Gemeinde Zernez das Herzstück des späteren Schweizer Nationalparks (etwa 25,6 km^2 im Val Cluozza).

1911 Bündner Volksabstimmung am 5. März gegen das totale Autofahrverbot (11977 Ja gegen 2662 Nein).

1912 Bau der Samnaunstraße.

1913 Die Rhätische Bahn verkehrt erstmals zwischen Bevers und Scuol.

1914 Am 3. April beschließt der Bundesrat die Errichtung des heutigen »Schweizer Nationalparks« (siehe Seite 71).

1920 Der Steinbock wird im Nationalpark mit Erfolg angesiedelt.

1921 Großbrand am 8. Juni in Sent: 50 Häuser und Ställe fallen den Flammen zum Opfer.

1925 Großbrand am 19. April in Susch: 40 Häuser und 39 Ställe werden vernichtet.

1938 Eidgenössische Abstimmung über das Rätoromanische als vierte Landessprache (20. Februar; 575000 Ja gegen 58000 Nein).

1969 Erste Kanubefahrung des Engadiner Inns durch eine fünfköpfige englische Kajakexpedition unter großen Materialverlusten (siehe Seite 121).

1970 Fertigstellung der Engadiner Kraftwerke.
Erste Begehung des 600 Meter hohen Piz-Lischana-Nordostpfeilers am 13. Juni durch Franz Anderrüthi und Albin Schelbert (Schwierigkeitsgrad V).

1971 Gründung der »Pro Engiadina Bassa«, einer Talorganisation zur Erhaltung von Natur und Kultur und Förderung der wirtschaftlichen Entwicklung und des Lebensstandards; Sitz in Bad Scuol.

1973 Eröffnung der »Rätia-Skihochroute« von Scuol nach Lenzerheide im April durch Toni Hiebeler.
Gründung der »Ersten alpinen Delta-Flugschule der Welt« in Scuol (Dezember).

1975 Gründung der ersten Engadiner Kanuvereinigung »Canuists d'Engiadina« in Scuol.

1976 Erstmalige Austragung des Volksskilaufs »Paß Lung« zwischen Martina und Scuol (Februar).

1978 Bau der Luftseilbahn Samnaun AG in Samnaun.

1980 Die Eidgenössische Volkszählung ergibt für das Unterengadin die Zahl von 6486 Einwohnern (1850: 6458 Einwohner).

1986 Grünes Licht von National- und Ständerat für den Bau des Vereinatunnels, einer Autozugverbindung zwischen Klosters und Susch/Lavin.

1987 Fertigstellung der Umfahrungsstraße Martina.
Gründung des »Paragliding Club Engiadina Bassa« in Scuol. Einweihung der Kirche von San Niclà (Strada) als Kulturzentrum.

Enus, Eniates, Eniatina, Engiadina, Engadin

Über den Ursprung des Namens Engadin Klarheit zu bekommen, ist gar nicht so einfach. Fragt man in einer Ustaria (Wirtschaft) einen Einheimischen, wird man

◁ *Dorfplatz in Sot, dem Unterdorf von Scuol.*

gar bald das Thema wieder wechseln müssen – an die zwei Dutzend Befragte konnten es mir nicht sagen. Daß es mit dem En (= Inn) zusammenhänge, das sei sicher. Aber das -gadin blieb rätselhaft. Hans Heyn schreibt in seinem ausgezeichneten Buch über den Inn: »... die Legende berichtet, Gott wollte nach dem Sündenfall den Menschen eine Landschaft geben, die sie an ein Paradies erinnern soll. So entstand l'Engiadina, das Engadin.« Aber mit dem französischen jardin (= Garten) hat das Engadin ganz und gar nichts zu tun. Im »Rätischen Namenbuch«, Band 2, von Andrea Schorta, ist es genau erklärt: »Die Ausgangsform Eniatina ist vom antiken Enus = ›Inn‹ nicht zu trennen. Robert von Planta vermutete, zu Enus habe ein Ethnikum Eniates = ›die Inn-Anwohner‹ bestanden, aus dem Eniatina sekundär abgeleitet werden konnte.« Freilich, das Engadin ist paradiesisch, also lassen wir auch die schöne Legende gelten.

Rumantsch

Das Rätoromanische wird in einem Teil Graubündens (etwa 45000 Seelen) gesprochen; es hat vermutlich illyrische und keltische Einflüsse, vielleicht auch etruskische. Die rätischen Völkerschaften wurden von den Römern unterworfen und romanisiert. Daraus entstand die Sprachgemeinschaft der Rätoromanen. Das Rätoromanische ist seit der Volksabstimmung von 1938 vierte Landessprache, im Kanton ist sie Amtssprache, abweichend in verschiedenen Idiomen; im Unterengadin spricht man das Vallader. In den ersten vier Schulklassen wird allein rätoromanisch unterrichtet. Eine schöne Sprache, melodisch, romantisch. Wer Italienisch versteht, bekommt auch vom Rätoromanischen ab und zu einen Brocken mit. Natürlich werden sich rätoromanische in den schönsten Stunden des Lebens auch mit deutschsprachigen Menschen verstehen. Aber wenn Sie auf Originalität Wert legen, dann sagen Sie einfach: »Eu n'ha jent a tai!« (Ich liebe dich). Natürlich spricht jeder Rätoromane neben seinem Rumantsch auch Deutsch, so daß es keinerlei Schwierigkeiten der Verständigung gibt. Daß Sie beim Betreten einer Ustaria nicht »Guten Tach« oder »Gud'n Ab'nd«, sondern »Allegra« sagen, versteht sich von selbst. Dann klappt es mit dem Kontakt gleich besser, schneller.

»Wer seines Lebens quitt will seyn...«

Den Engadinern sagt man ziemlich böse Geschichten nach. Es soll Zeiten gegeben haben, in denen »Straßenräuber und Wegelagerer das ›Lokalkolorit‹ allzusehr zur Geltung brachten«. Der bekannte Engadin-Chronist Ulrich (Duri) Campell von Susch (um 1504–1582) schwört zwar auf die Redlichkeit seiner Mitbürger, aber er schließt nicht aus, »daß harmlose Reisende immer wieder in Gefahr waren, ausgeplündert und in den Inn geworfen zu werden«. Und der Inn war früher ein tobender, reißender Wildfluß. Im 18. Jahrhundert konnte man im Werk eines boshaften Kalendermachers diesen Spruch lesen: »Wer seines Lebens quitt will seyn, der reise ins Unter Engadein.« Aber wo gab es in früher Zeit nicht Wegelagerer und Straßenräuber? Ich weiß über die Unterengadiner anderes zu berichten: Kajakfahrt auf dem Inn von Scuol in Richtung Martina. In Sur En stiegen wir aus, zogen die Boote aufs Trockene, ließen in der Wirtschaft eine Halbe Hell zischen. Wieder zurück am Inn, war nur noch ein Boot zu sehen – ein herrenloses Schifferl trieb talab: Sofort war alles in Aufruhr, bis hinab nach Martina. Polizei, die den Fluß nach Ertrunkenen absuchte. Und ein Kiesgrubenarbeiter, der ins Wasser hechtete und das treibende Kajak fischte. Selten trifft man einen Schweizer Talbewohner an, der so aufgeschlossen und kontaktfreudig wie die Unterengadiner ist. Und man kann sich das gut erklären: Das Tal war immer schon Durchzugsgebiet von Nord nach Süd, von West nach Ost. Händler, Reisende, Soldaten aus der großen Welt hatten immer das Neueste gebracht, Gutes und Böses, so daß zum Fremden seit Jahrhunderten keine Scheu mehr besteht. In keiner Alpenlandschaft konnte ich in so kurzer Zeit so viele Freunde gewinnen wie im Unterengadin. Da sind der Balser, Corsin, Jon, Michel, Peider-Andry, Reto und Roman, die Sylvia und Ursulina, um nur einige zu nennen. Eines jedoch muß man als Bergfreund, wenn im Herbst die Jagdzeit begonnen hat, wissen: Die Engadiner sind begeisterte Jäger. Schon Tage vor dem Jagdbeginn gibt es nur ein Thema: die Jagd. Fast jeder erwachsene Engadiner ist Jäger (für Einheimische ist das Jagen spottbillig). An den Schießständen herrscht Hochbetrieb (und wenn man als Schießgast gleich auf Anhieb ins Schwarze trifft, dann genießt man für Jahre hohes Ansehen).

Die Dörfer sind Museen

Ein Streifzug durch die Unterengadiner Dörfer mit satirischen Randbemerkungen

Ein Überblick soll uns die Dörfer des Tales näherbringen. Fast jedes im Unterengadin ist ein kleines, oft begeisterndes Museum – schöner noch und wirklichkeitsnaher, weil in ihnen Leben herrscht. Da und dort glaubt man, daß die Zeit stillsteht. Die genannten Einwohnerzahlen entsprechen dem Stand von April 1988.
Fangen wir im untersten Engadin an, von Österreich, Italien oder Bayern kommend. Das Ganze läßt sich natürlich auch umgekehrt erleben, vom Oberengadin oder über den Flüelapaß kommend.

Kein Wein in Weinberg

Knappe 5 km nach der österreichischen Grenzstation Schalkhof bei Pfunds-Stuben (Tirol) erreichen wir auf der modern ausgebauten Straße Vinadi (Weinberg, 1086 m) über der düsteren Finstermünzschlucht, aus der man das Tosen des Inns hört. Zwei Häuser, weit und breit kein Wein. Kenner der Talgeschichte vermuten, daß hier in grauer Vorzeit eine Art Opferstätte bestanden habe: Reisende, die den nicht ungefährlichen Saumpfad über Pra da la Funtana (1368 m) antraten, weil die Schlucht nicht begehbar war, opferten Wein, um auf dem Weg durch die Bergwildnis beschützt zu werden. Wein kann es hier schon aufgrund der klimatischen Bedingungen nie gegeben haben. Wir wissen zwar, daß in Visperterminen (Wallis) die Reben bis fast 1000 Meter Höhe klettern, aber der Ort im Mittelwallis erfreut sich auch außergewöhnlichen Sonnenreichtums – Vinadi ist rauh, schattig. Dafür zweigt in Vinadi eine ausgesprochene »Whiskystraße« ab, die 14 km lange, kurvenreiche, oft schmale und steile Straße hinauf nach Samnaun.

Samnaun

Die Gemeinde Samnaun (1840 m, rd. 650 Einwohner) und das gleichnamige Tal wurden 1912 durch die 14 km lange Fahrstraße auch dem Fremdenverkehr zugänglich gemacht. Zur Gemeinde gehören Compatsch, Laret, Plan und Ravaisch. Nach dem Zweiten Weltkrieg wurde Samnaun wegen seiner verkehrstechnischen und wirtschaftlichen Abgelegenheit zur Zollfreizone erklärt. Die meisten Samnaunbesucher sind Tagesgäste, die sich weder für Landschaft noch Flora oder die vielen Skitourenmöglichkeiten in der Gipfelrunde interessieren; ihre Gedanken konzentrieren sich auf die Preisangaben von Whisky, Zigaretten und anderem Zeug (obschon fast alle Verbrauchsgüter in deutschen Großeinkaufszentren günstiger angeboten werden). Samnaun hätte sich ohne Einkaufshysterie ganz gewiß zu einer bezaubernden Ferienlandschaft entwickelt. Seit 1978/79 ist Samnaun ein Skiort mit einer Seilbahn und mehreren Liften und mit Ischgl verbunden.
Aber wer in Vinadi noch etwas Zeit hat und sich auf höchst romantische Weise die Füße vertreten will, läßt den Wagen bei Vinadi stehen, läuft 250 Meter zurück in Richtung Österreich, um rechts auf einem schmalen Weg die Straße zu verlassen und zur ehrwürdigen Altfinstermünzbrücke am Inn abzusteigen. Der Abstecher lohnt sich, denn die Brücke ist ein ungewöhnlich schönes Bauwerk, das vor Jahren restauriert wurde. Hier erlitten die Franzosen im Rahmen des Zweiten Koalitionskrieges 1799 eine verheerende Niederlage

Ausblick vom Piz Lischana gegen die untere Hälfte des Unterengadins mit Samnaun-Gruppe: Vnà (V), Ramosch (R), Strada (S), Tschlin (T) und Martina (M), vorne rechts der Gipfel des Piz Ajüz (2790 m).

durch die Tiroler; der Inn sei bis nach Landeck hinaus »blau« gewesen (die Franzosen hatten blaue Uniformen).

Martina

Von Vinadi kommen wir nach 6 km zur Schweizer Grenzstation Martina. In Martina (1035 m, Martinsbruck), Gemeinde Tschlin, herrscht reges Treiben – zu rege, um länger verweilen zu wollen. Ein Teil moderner Völkerwanderung spielt sich hier ab. Zwei Straßen vom Ausland treffen hier zusammen, von Landeck und Nauders (Tirol) bzw. Reschenpaß (Südtirol). Ein Kommen, Gehen, Kaufen. Am Schlagbaum der Landecker Straße sind die Zollbeamten etwas genauer als sonst. Denn zwischen Österreich und dieser Zollgrenze liegt, oben in den Bergen versteckt, der zollfreie Umschlagplatz Samnaun. Martina hat noch nicht das typische Dorfbild des Unterengadins. Und es ist schattig, zugig.

Und dennoch darf man über Martina zwei wichtige Tips nicht unterschlagen: Nahe der Straße Martina – Nauders, bereits wieder auf österreichischem Gebiet, gibt es die Schöpfwarte (1438 m), von der Norberthöhe (1407 m), höchster Punkt der Straßenverbindung, in zehn Minuten bequem zu erreichen; einer der lohnendsten Aussichtspunkte des Unterengadins zwischen Scuol und Martina. Man kann sich diesen Abstecher auch für die Rückreise (über Nauders) aufsparen, sozusagen als Abschiedsgeste fürs liebgewonnene Unterengadin.
Zweiter Tip: den Wagen bei den letzten Häusern rechts der Straße (Richtung Scuol) parken und auf dem ansteigenden, parallel zur Straße verlaufenden Dorfweg in wenigen Minuten zu dem sehr schön gelegenen Kirchlein, einem hübschen Barockbau aus dem Anfang des 18. Jahrhunderts, bereits fern des lauten Grenzverkehrs. Etwa hundert Höhenmeter weiter oben, links des Wassergrabens Val Gronda, gelangt man zur geheimnisvollen Burgruine Serviezel (auch

Tschlin mit seiner alten katholischen Kirche. Hinten Engadiner Dolomiten mit Piz S-chalambert.

Sanviz oder Ser Guitzel oder Sal Svik), über deren Vergangenheit so gut wie nichts bekannt ist; Mörteluntersuchungen ergaben, daß die Burg um 650–700 n. Chr. von Römern erbaut wurde.

Tschlin

Etwa 6 km oberhalb Martina stößt man nach dem kleinen Dorf Strada auf die Abzweigung nach Tschlin (1533 m). Man sollte sich den Abstecher auf der 4 km langen Bergstraße nicht entgehen lassen – es sei denn, man hat Angst vor schmalen und steilen Straßen. Tschlin mit seinen 185 Einwohnern ist wie ein Schwalbennest an den Berg geklebt. Ein Sonnenbalkon der Bauernantike. Umgeben von Wiesen und goldenen Ährenfeldern. Durchs Dorf zieht eine steile Straße; hier brauchen die Hühner im Winter wirklich bald schon Steigeisen. Ein Brand wütete 1856; ihm fielen 103 Häuser und im Unterdorf auch die St.-Johannes-Kirche zum Opfer, allein der Glockenturm blieb übrig. Im Oberdorf die Kirche San Plasch (St. Blasius). Schlichtheit und Fresken aus den Jahren 1515–1545, die bei Restaurierungsarbeiten 1955–1959 zum Vorschein kamen, beeindrucken den Kunstfreund. Das Kircheninnere hat übrigens eine verblüffende Ähnlichkeit mit dem der berühmten Bauernkirche in Uppsala (Schweden). Vor der Kirche ein Brunnen mit einem geschnitzten Arvenholzpfahl von Wilhelm Seelig aus Martina, das Denkmal für Duonna Lupa, die 1499 das Dorf auf wunderbare Weise vor Tiroler Söldnern gerettet hatte (siehe Seite 83). Die Aussicht von Tschlin zwingt einen zum Verweilen. Am Südostabhang des Muttler (3294 m) gelegen, sind von Tschlin aus herrliche Wandermöglichkeiten geboten.
Der Name Tschlin taucht urkundlich erstmals Mitte des 12. Jahrhunderts unter »Ciline« auf; vermutlich eine Ableitung vom lat. cellinum (diminutiv = cella, Zelle, Kammer). Und Tschlin galt bis zum Beginn des modernen Güterverkehrs als »Kornkammer des Engadins«.

Oben: Ramosch, etwas abseits der heutigen Hauptstraße. Hinten links Pisoc-Gruppe. Unten: Die etwa 400 Jahre alte Mühle von Ftan, die heute noch voll funktionsfähig ist.

Die Tschliner leben zu 40% von Land- und Forstwirtschaft; 29% der Gemeindefläche bestehen aus Wald (kantonaler Durchschnitt 21%). Ein Fünftel der Erwerbstätigen arbeitet in Ramosch und Scuol. Die Erträge des Fremdenverkehrs sind bescheiden.
Zur Gemeinde Tschlin gehören die Dörfer Strada und Martina sowie die Weiler San Niclà, Las Rossas, Chaflur, S-chadatsch, Sclamischot, Ovella, Vinadi und Fans (Pfandshof).
Neben dem genannten Brand von 1856 mußte Tschlin viele andere harte Prüfungen über sich ergehen lassen. Große Lawinenabgänge in den Jahren 1935, 1951, 1962 und 1975 vernichteten im Gemeindegebiet insgesamt 35000 Kubikmeter Holz; ein Waldbrand verwüstete 1947 im Gebiet Martina – Vadrain – Mundin rund 160 Hektar Wald. Und schließlich die Dorfbrände von 1499 (Schwabenkrieg), 1607 (192 Häuser), 1622, 1716 (160 von 167 Häusern abgebrannt) und 1820 (7 Häuser und das Dach der Kirche San Plasch).

Die Zigeuner von Tschlin

Ein junges Ehepaar aus Tschlin war in Streit geraten und letztlich übereingekommen, daß der zuerst Redende sich als schuldig bekenne. Da kam ein Zigeuner ins Haus und bat um ein Almosen. Um nicht reden zu müssen, stellte sich das Paar schlafend; er auf dem Sofa, sie hinter dem großen Kachelofen. Der Zigeuner sprach sie wiederholt an. Da er von beiden keine Antwort erhielt, begann er sich mit der jungen Frau zu beschäftigen, um herauszufinden, ob diese nur schlafe oder ob sie letzten Endes schon tot sei. Da der Zigeuner immer zudringlicher wurde, riß dem blinzelnden Ehemann die Geduld. Er sprang auf und schrie: »Was zum Teufel treibt ihr denn dort hinten?« Damit war der Bann gebrochen, der Friede wiederhergestellt.

Aber die Tschliner sind mit ihrem Boden auf Gedeih und Verderb verwachsen, nichts kann sie von ihrem Adlerhorst vertreiben. Tschlin nimmt nicht nur land- und forstwirtschaftlich einen wichtigen Platz in der Tallandschaft des Unterengadins ein, es hat auch kulturell eine bedeutende Vergangenheit: Ulrich (Duri) Campell (um 1504–1582), der große Reformator und Chronist des Tales, kam 1574 als Vierundsechzigjähriger nach Tschlin, um die Pfarrstelle zu übernehmen und die erste Geschichte Rätiens zu schreiben. In Tschlin wurde 1680 sogar eine Druckerei in Betrieb genommen; die erste des Tales existierte bereits in Scuol. Wir werden Tschlin auch noch im Rahmen unserer Panorama-Höhenwanderung kennenlernen (siehe Seite 104).

Strada

Die kleine Siedlung (1072 m) liegt an der Tal-Hauptstraße, gehört zur Gemeinde Tschlin; die letzten Häuser talaufwärts bilden die Fraktion Las Rossas. Früher war das Dorf ein sehr bedeutender Marktflecken: Die Faira da Strada (Markt von Strada) wurde sogar von Tirol aus besucht. Abends, nach abgeschlossenem Viehhandeln, ging es in den Wirtsstuben immer hoch her. Die 1680 in Tschlin eröffnete Druckerei wurde 1689 nach Strada verlegt, wo bis 1745 viele Druckschriften religiös-erbaulicher Art hergestellt wurden; sie wurde von 1745 bis 1818 stillgelegt und war dann bis 1880 erneut in Betrieb. In ihr hatte ein Samnauner Winkeladvokat ein »Erbauungsbuch« mit dem Herstellungsdatum »MCCXLV« (1245) drucken lassen; ein Werk also, das fast zweihundert Jahre vor Johannes Gutenbergs Bibel »erschien« – ob bewußt oder als Produkt des Satzfehlerteufels, läßt sich heute nicht mehr feststellen.
In Strada gibt es heute zwei Restaurants und einen Campingplatz mit Schwimmbad.
Der Ort hat unter der Durchgangsstraße sehr zu leiden; Strada braucht dringend eine Umfahrung (sie ist geplant).
Am Ortsausgang von Strada talaufwärts sieht man auf der rechten Innseite eine kleine Häusergruppe: San Niclà. Die kleine Kapelle aus dem 12. Jahrhundert ist von 1985 bis 1987 fachmännisch restauriert worden. Von San Niclà führt ein schmales Sträßlein – der motorisierte »Normalverbraucher« sollte es tunlichst meiden – zu der kleinen Häusergruppe Raschvella hinauf. Der Name könnte von der »Raschen Welle« des Inns kommen, der sich zu Füßen des Weilers durch einen Engpaß zwängen muß und bei hohem Wasserstand beängstigendes Tosen von sich gibt (auch Wildwasserfahrer sind von diesem Schwall stets beeindruckt).
Als Wildwasserkanute gefällt einem diese Deutung na-

türlich. Aber die Sprachforscher sind da freilich gründlicher. Ras bedeutet (geschlagene) Waldlichtung, vella (ovella) Wasser; die Lichtung über dem Wasser. In Raschvella sind nur noch zwei Häuser bewohnt.

Die Ahlen von Ramosch

Obschon die letzte »Hexe« in Graubünden bereits 1760 verbrannt wurde (Poschiavo), blieb der Hexenglaube im Unterengadin noch lange wach. So auch in Ramosch, wo ein Bauer mitten im Winter bei bissiger Kälte mit seiner stumpfen Axt einen tief gefrorenen Baum fällen wollte und dabei sein Vorhaben aufgeben mußte, weil die Axt vom Holz immer wieder abprallte. Er konnte sich diese komische Sache nicht anders erklären, als daß der Baum verhext sein müsse. Dies war auch die Meinung seiner Freunde, und so kamen alle überein, der Hexe mit spitzigen Ahlen auf den Leib zu rücken. Sie stocherten so lange in den Stamm hinein, bis der Baum endlich umfiel. Im festen Glauben, die Hexe somit besiegt zu haben, trugen sie den Stamm triumphierend nach Hause.

San Niclà (vorne) am rechten Innufer, dahinter Strada; ganz hinten bereits die Nauderser Berge.

Ramosch

Von Strada nach Ramosch (1231 m), das etwas oberhalb der Hauptstraße liegt, sind es 6 km. Ramosch (354 Einwohner) ist unendlich alter Siedlungsboden. Auf dem Felskopf Mott'Ata (1541 m) oberhalb des Dorfes konnte man bei Forschungen 1954 und 1956–1958 feststellen, daß hier mindestens 15 Jahrhunderte lang ohne Unterbrechung Menschen lebten. Die sehr schöne gotische Kirche entstand nach den Schrecken des Schwabenkrieges (1499) und wurde 1552 vollendet; man zählt sie zu den stämmigsten Bauten Graubündens. Das Grab des bei den Bündnern sehr beliebten Heiligen Florian war früher eine vielbesuchte Pilgerstätte. Über das Standbild des verehrten Schutzpatrons werden eigenartige Geschichten erzählt – bis es verschwand. In Ramosch sieht man nur wenige alte Häuser, denn 1880 fielen von den 177 Häusern genau 100 einem Großbrand zum Opfer.
Zur Gemeinde Ramosch gehören die kleinen Weiler Raschvella (siehe oben) und Seraplana, der sich etwas versteckt oberhalb der Hauptstraße zwischen Strada und Ramosch auf der linken Talseite befindet. Unweit westlich von Ramosch die talbeherrschende Burgruine Tschanüff der Herren von Ramosch, hoch über der oft tosenden Brancla. Die Burg war im 13. Jahrhundert strategisch sehr wichtig. Im »Hennenkrieg« 1475 von den Österreichern niedergebrannt. Nach dem Wiederaufbau hatte sie der Schloßherr im Schwabenkrieg 1499 beim Herannahen der Österreicher selbst in Brand gesteckt. Wieder aufgebaut, wurde Tschanüff im 16. Jahrhundert von den Ramoschern angezündet, aber sie mußten die Burg auch wieder aufbauen; 1606 erneut ein Raub der Flammen. Nach dem letzten Wiederaufbau wurde Tschanüff im Dreißigjährigen Krieg vollends vernichtet.
Ist man schon einmal von der Hauptstraße weg und in Ramosch, dann kann man sich auch noch den Sprung nach Vnà leisten.

Vnà

Nach Vnà (1630 m) sind es nur 4 km. Aber sie haben es in sich, schmal, steil. Vnà, das früher Manas hieß, ist ein verlorenes Dorf. In Vnà sieht man lebende Vergangenheit. Behäbige Bauernhäuser, drei Dutzend etwa, weiß getüncht, mit großen, über das Tal hängenden Veranden. Über Vnà findet man nicht einmal im »Reisehandbuch Schweiz« ein Wort. Wer Ursprünglichkeit liebt, besucht Vnà. Die Kirche mit ihrem romanischen Schiff und ihren gotischen Malereien ist ungewöhnlich. Ihr symmetrieloser Grundriß ist der Gassenkrümmung angepaßt. Die Aussicht von Vnà ist bezaubernd. Fast genau gegenüber sieht man ins Val d'Uina (siehe Wanderführer). Und in Vnà kann man sich ohne weiteres für einige abwechslungsreiche Wandertage einnisten.

Dieses abgelegene, eigenwillige Dörfchen brachte zwei bedeutende Männer hervor: Otto Barblan (1860 bis 1943), Komponist und Organist zu St. Pierre – Genf. Er komponierte das »Calven-Festspiel 1899«. Seine Calvenhymne »Svizra da cuor t'salüd« (Heil dir mein Schweizerland) war früher als Schweizer Nationalhymne vorgeschlagen, worüber die Unterengadiner verständlicherweise sehr stolz sind. Und Gudench (Gaudenz) Barblan (24. 1. 1860 bis 5. 10. 1916), Lehrer und Heimatschriftsteller, dem wir den Text des rätoromanischen Heimatliedes »Chara lingua da la mamma« und die satirischen Dorfgeschichten des Unterengadins – teilweise gekürzt auch in diesem Buch – verdanken.

Fremdenverkehr war in Vnà sehr klein geschrieben; zwei Pensionen und Restaurants, einige Ferienwohnungen und Privatzimmer. Südlich von Vnà das tief eingegrabene Val Sinestra, von der Brancla durchflossen. Im Val Sinestra gibt es paradiesische Plätze. Zum Beispiel Zuort (1711 m), ein beliebtes Ausflugsziel.

Hier hatte sich der große holländische Dirigent Willem Mengelberg ein Haus errichten lassen. Daneben eine Kapelle mit einem Glockenspiel von 14 Glocken, die den Wanderer zuweilen aufhorchen lassen. Willem Mengelberg ist 1951 hier entschlafen.

Zuort kann auch mit dem Pkw erreicht werden. Aber lassen wir das – schöner ist es, das Val Sinestra als Wanderer zu erleben.

Noch kürzer ist der Weg zum Kurhaus Val Sinestra (1524 m) mit seiner arsen- und eisenhaltigen Quelle (seit 1972 nicht mehr als Kurhaus in Betrieb).

Dorfgasse in Sent.

Sent

Von Ramosch gelangt man nach wenigen Autominuten zum Weiler Crusch (1239m). Vorher sieht man aber rechts oben noch die Ruine Tschanüff der Herren von Ramosch. In Crusch gibt es eine gute Wirtschaft – lassen Sie sich die Stüvetta zeigen! – und einige Häuser. Crusch gehört zur Gemeinde Sent. Kurz vor Crusch zweigt links ein schmales Sträßlein ab. Es führt hinab in den Talgrund, über eine bedachte Holzbrücke zum kleinen Weiler Sur En (»Über dem Inn«). Hier ist einer der schönsten Campingplätze des ganzen Engadins. Die kleine Fraktion der Gemeinde Sent war früher der Energiespeicher des einst größten Dorfes im Unterengadin. In Sur En mündet der stets wasserreiche Uinabach in den Inn. Drei Mühlen und ein Sägewerk wurden hier durch Wasserkraft betrieben. Und in Sur En, dessen Geschichte bis 1500 zurückreicht, endet die großartige Wanderung durchs Val d'Uina (siehe Seite 93). Die wenigen Bauernhäuser sind in Feriensitze verwandelt worden. Und das »Haus Piz Lischana« ist noch ein echter Stützpunkt-Geheimtip (auch preislich); auch für Wildwasserfahrer. Gemütlichkeit herrscht im »Val d'Uina«.
Kurz nach Crusch verlassen wir die Hauptstraße nach rechts. Die Straße führt uns nach Sent (1430m) selbst. In Sent (700 Einwohner) zu leben, ist ein Vergnügen. Und wenn es nur ein Tag ist. Prächtige Häuser, teils mit herrlichen Barockgiebeln, die man »Senter Giebel« nennt, ausgestattet; mit schmiedeeisernen Fenstergittern und Erkern. Auf einem Haus steht der Vierzeiler von Jon Pult:
»Die Gasse ist steil,
steh' einen Augenblick still,
die Hast der Welt
macht Dich nicht glücklich.«
Das sollte man sich wenigstens für die Zeit im Unterengadin gut merken. Sent ist in der Zeit von 1499 bis 1921 siebenmal von Großbränden heimgesucht worden. Aber es gibt immer noch viele Häuser, die dem Besucher Bewunderung abverlangen. Da und dort mit außergewöhnlich schönen Renaissance-Sgraffiti verziert. Verschiedentlich auch barock und nach Tiroler Art bemalt. Kleine und große Plätze, ein buntes, malerisches Bild. Die Baselgia – Pfarrkirche –, an den Rand der großen Hangterrasse gebaut (um 1490), beherrscht mit ihrer neugotischen Spitze das Tal. Sent ist eine wahre Fundgrube für den Kunstfreund. Und eine sonnige Bleibe.
Sent ist eine wichtige Dependance der Skiregion Scuol/Ftan: 4 Hotel-Restaurants, 4 Pensionen, 129 Ferienwohnungen, Privatzimmer.

Die Esel von Sent

Die Engadiner sind immer leidenschaftliche Jäger gewesen, besonders in Sent. Daß neben den ganz gerissenen Jägern auch Halbschlaue mit Stutzer oder Flinte loszogen, versteht sich. So kam es, daß einige Senter Junggesellen, die gewiß keine Einsteins waren, auf die Hasenjagd gingen. Plötzlich galoppierte ein »Riesenhase mit wehenden Ohren« an ihnen vorbei – einer schoß ihn glatt über den Haufen. Mit Tanzmusik und von einer jubelnden Kinderschar begleitet, wurde anschließend der »Riesenhase« von den stolzen Jägern auf den Schultern durchs Dorf getragen. Als dann beim abendlichen Festschmaus – zu dem die gesamte Dorfbevölkerung eingeladen war – der stolze Schütze in einen Schenkel beißen wollte, brach er sich prompt zwei Zähne aus. Denn der »Hase« trug Hufeisen, die Jagdbeute war ein ausgewachsener Esel.

Bad Scuol

Von Sent fahren wir wieder hinab zur Hauptstraße, aber nicht mehr in Richtung Crusch, sondern gleich westwärts nach Bad Scuol, dem Hauptort des Unterengadins, den man nach 3km erreicht und dem hier ein eigener Platz gewidmet ist (Seite 40).

Ftan

Ftan (1637m) liegt, ähnlich wie Sent, auf einer Hangterrasse an der linken Innseite, 5km westlich von Bad Scuol; 380 Einwohner, 90 Häuser. Fährt man in Richtung Oberengadin, dann ist die Variante über Ftan nach Ardez eine hübsche Einlage, eine ausgesprochene Panorama-Fahrt. Der Kirchturm von Ftan mit seiner Doppelzwiebel – zwanzig Meter von der Kirche entfernt – hat berechtigte Chancen, ein »alpiner Pisaturm« zu werden, denn er neigt und neigt und neigt sich immer mehr zur Seite.
Der Name Ftan ist vermutlich vom lateinischen vetoni abgeleitet und bedeutet Schafweide; früher hieß der Ort Vettan.

Sent ist von 1499 bis 1921 siebenmal durch Brände verwüstet worden.

Sur En (»über dem Inn«) rechts des Inns am Ausgang des Val d'Uina.

Auch Ftan weiß ein trauriges Lied über das Feuer zu singen: 1723 verbrannten 42 Häuser, Kirchturm samt Glocken; 1794 gingen 67 Häuser in Flammen auf, wieder mit dem Kirchturm; 1835 wurden erneut 48 Häuser zerstört. Auch hier wüteten der Schwabenkrieg (1499) und der Dreißigjährige Krieg (1618–1648), die dem Dorf arg zusetzten. Darüber hinaus gab es auch noch Verwüstungen durch Lawinen. Der riesige Südhang des Piz Clünas (2793 m) direkt überm Dorf brachte immer wieder Lawinen; was nicht verbrannte, verwüstete der Schnee. Die Lawine von 1720 verschüttete das halbe Dorf. Nach einigen Wochen entdeckte man bei den Aufräumungsarbeiten ein von Gesundheit strotzendes Mastschwein; unterm Schnee war es neben einem geplatzten Getreidesack zu liegen gekommen – wirklich: »Schwein muß man haben!« Ab 1870 begann man mit Lawinenverbauungen, die in den fünfziger Jahren unseres Jahrhunderts weitgehend abgeschlossen waren – die Gefahr ist gebannt.
Ftan hat sich zwar in den letzten Jahren in Richtung Fremdenverkehr ganz gut gemausert – mit zwei Liften wurde die Verbindung zum Skigebiet Scuol hergestellt –, in dem Dorf gibt es drei Restaurants und vier Hotels, mit Ferienwohnungen nur insgesamt 445 Betten. Diese dadurch vorhandene Ruhe wissen viele Feinschmecker sehr zu schätzen. Böse Zungen sagen, daß man in Ftan vorwiegend mittelalterliche Herren sehe – wegen der vielen jungen Damen im »Hochalpinen Töchterinstitut« (was gewiß nicht stimmt).
Dafür sieht man in Ftan einige sehr gut erhaltene alte Häuser, die unter Denkmalschutz stehen. Zu ihnen gehört das Vulpius-Haus am Südwesteingang des Dorfes (Rontsch) aus dem Jahre 1674. Das Arbeitszimmer des Jakob Anton Vulpius, Pfarrer von Ftan († 1706), der mit Pfarrer Jakob Dorta erstmals die Bibel ins Unterengadiner Romanisch übersetzt hatte, ist im Urzustand erhalten (1969 renoviert). Etwa 700 Meter südwestlich unterhalb Ftan befindet sich die letzte Mühle Ftans – die letzte wasserbetriebene Mühle des ganzen Engadins. Ein besuchenswertes Überbleibsel der Vergangenheit. Das Alter der Mühle wird auf über 400 Jahre geschätzt sie ist seit 1831 im Besitz der Müllerfamilie Florineth, lie heute noch das Getreide der Ftaner mahlt, aber nicht mehr allein davon leben kann, denn es gibt nur noch etwa 25 landwirtschaftliche Betriebe. Der ganze Mühlenmechanismus ist in Holz gearbeitet, ein wahres Wunderwerk. Um die

Mühle der Nachwelt zu erhalten, wurde 1971 das Aktionskomitee »Pro Mühle Ftan« gegründet und eine hübsche Silbermünze in Umlauf gebracht.
Wir fahren auf der Hangstraße westlich weiter in Richtung Ardez. Nach etwa 3 km erreicht man den Auslauf des Val Tasna, das am Piz Tasna in der Silvretta entspringt. Man wird sich dieses herrliche Tal für künftige Wanderungen und Skitouren merken müssen.
Unterhalb der Straßenbrücke sehen wir die römische Bogenbrücke der alten Talstraße.
Wenig später sehen wir schon die felsige Erhebung Steinsberg mit der Burgruine, und gleich sind wir am nächsten Ziel: Ardez.

Die Rindviecher von Ftan

Auf der Fahrstraße von Ftan nach Ardez befindet sich auf halber Strecke die neue Tasnabrücke. Die ältere und auch schönere Brücke steht unmittelbar daneben, doch wer sich nicht die Mühe macht, anzuhalten, sieht sie nicht. An dieser Stelle bauten einst die Ftaner eine neue Brücke; die frühere war durch Hochwasser weggerissen worden. Die genauen Maße zwischen den Pfeilern waren bereits genommen, die Lärchenstämme zu Tragbalken verarbeitet, als die Brückenbauer zu ihrer allgemeinen Bestürzung feststellten, daß die Tragbalken um eine Kleinigkeit zu kurz geraten waren. Da niemand einen vernünftigen Ausweg wußte, machte ein bekannter Ftaner Schlaukopf den Vorschlag, die Tragbalken mit Schweinefett gründlich einzureiben, auf jeder Seite ein starkes Rind einzuspannen und die Tragbalken auf diese Art um die Kleinigkeit zu strecken. Er staunte, als die Männer auf diesen Vorschlag eingingen, ins Dorf gingen, Rinder holten und kübelweise Schweinefett herbeischleppten. Zur Belustigung der als Zuschauer herbeigeeilten Dorfbewohner bemerkten die stolzen Brückenbauer ihren Reinfall erst, als die Balken sich trotz Schmierens und Streckens keinen Millimeter weiteten.

Ardez

Ardez (1464 m), bereits wieder an der Hauptstraße des Tales, hat mit den kleinen Weilern Sur En/Ardez und Bos-cha 400 Einwohner und gehört zu den großen Dörfern des Engadins.

Ardezens Namensgeschichte ist lang und auch noch ungeklärt dazu. Die Sprachforscher sind sich nicht einig. Die einen leiten Ardez vom lateinischen »arduus« (= steil) ab, andere wieder bringen es sogar mit dem irischen »ard« (= Hoch, Höhe) in Verbindung, weil »ardwetio« Hochburg und »ardwetios« die Leute der Hochburg heißen und in Verbindung mit der beherrschenden Burg Steinsberg stehen. Aber Steinsberg entstand erst im 12. Jahrhundert, die deutschen Rittersherren übertrugen den Namen ihrer Burg auch auf das Dorf; Ardez hieß bis zum Beginn unseres Jahrhunderts Steinsberg. Ein faszinierendes Kapitel der Ardezer Geschichte ist die Tatsache, daß die Besitzungen der Steinsberger weit über die heutige Staatsgrenze hinweg nach Tirol und Vorarlberg reichten. Auf dem Grund des heutigen Silvrettasees stand das »Engadiner Hüsli« (auch »Veltliner Hüsli«). In ihm befand sich eine Marksteinplatte mit der Inschrift »Steinsperger Grundt und Poden«. Die ganzen Vermuntalpen mit Ochsental und Klostertal gehörten den Ardezern und wurden erst 1900 für etwa 60000 Schweizerfranken an die Gemeinde Galtür verkauft. – Reste einer weiteren Burg befinden sich am Südrand des Dorfes.
Erfreute sich Ardez noch vor zwei Jahrhunderten eines reichen Viehbestands, so gibt es heute nur noch etwa dreizehn Vollbauern und etwa elf nebenberufliche Landwirte; etwa fünfzig Ardezer arbeiten in zehn handwerklichen Betrieben. Der Fremdenverkehr brachte im Laufe der letzten Jahrzehnte einen wirtschaftlichen Wandel; etwa 300 Fremdenbetten in zwei Pensionen, 51 Ferienwohnungen und Privathäusern.
In Ardez kann man richtige Bauernpaläste bewundern. Im Europäischen Jahr für Denkmalpflege und Heimatschutz ist Ardez als eines der vier Schweizer Musterdörfer auserkoren worden für besondere Förderung durch Bundesmittel. Es gibt daher einige Besonderheiten in Ardez zu entdecken, das seit Dezember 1978 eine Umfahrungsstraße hat und dadurch wieder ein ruhiges Dorf geworden ist. Zum Beispiel die Kirche, die um 1556 entstand. Sie ist kein umgewandeltes katholisches Gotteshaus im gotischen Stil, sondern eigenwillig als protestantische Emporenkirche erbaut (sollte die Tür verschlossen sein, braucht man nur den nächstbesten Einheimischen nach dem Schlüssel zu fragen; man freut sich sogar über das Interesse).

Links: Sent, dahinter Piz Lad. Rechts: Das winterliche Ftan, Ortsteil Grond; dahinter Schloß Tarasp.

Das Innere dieses eigenartigen Bauwerks ist voll und ganz auf die Kanzel ausgerichtet. Nahe der Kirche, direkt an der Straße, steht eines der außergewöhnlichsten Engadiner Häuser: das Haus des Dumeng Claglüna, der es 1647 erbaute und mit einer monumentalen Wandmalerei mit unseren Urahnen in flagranti bei der Erbsünde als Motiv verzierte; rundherum riesiges Blätterwerk mit bunten Vögeln darinnen. Die meisten sehen es gar nicht, denn sie fahren einfach durchs Dorf – laßt sie fahren!
Wer in wenigen Minuten in die absolute Stille flüchten will, fahre, vorbei am Bahnhof, hinab an den Inn, wo herrliche Wanderungen begonnen werden können. Die alte Steinbrücke ist den Wildwasserfahrern bestens bekannt.
Auch wir reisen weiter.

Die Schafe von Ardez

Im Val Tasna soll einmal die gesamte Schafherde von Ardez an einem steilen Berghang mitten im Sommer vom Schneefall überrascht worden sein, so daß sie sich nicht mehr bewegen konnte. Am dritten Tag ging eine Lawine ab und riß sämtliche Schafe in den Tod. Die stolzen Ardezer Bauern wollten sich nicht erniedrigen, die zerschmetterten Tiere zu nutzen, und ließen sie liegen. Nur der Ärmste unter ihnen – er hatte zehn Schafe verloren und eine große Familie zu ernähren – kümmerte sich nicht um die bösen Zungen und holte sich noch am gleichen Tag seinen Teil. Die ganze Familie konnte das frische und zarte Fleisch nicht genug loben. Nach einigen Tagen wollten die stolzen Bauern nicht nachstehen und beschlossen, die verendeten Tiere doch noch zu nutzen. Es war aber inzwischen wärmer geworden, die Schafkadaver rochen bestialisch. Dies konnte aber die Bauern nicht mehr davon abhalten, die Tiere trotzdem zu verwerten. Besonders pikant sollen dabei die Fleischsuppen gewesen sein.

Oben: Das Haus des Dumeng Claglüna in Ardez aus dem Jahre 1647. Die Wandmalerei zeigt unsere Urahnen in flagranti bei der Erbsünde.

Unten: Dorfplatz in der Mitte von Guarda. Behäbige Bauernpaläste mit vollendeten Sgraffiti, herrliche Erker. Ein echter alter Engadiner Brunnen aus Holz.

Guarda

Fast ist es eine Sünde, diese Fahrtroute zu verraten. Aber was soll's. Gleich hinter Ardez rechts ab; auf dem Hinweisschild steht Bos-cha, eine Straße, die nur auf Spezialkarten eingezeichnet ist und steil nach oben führt. Etwa 200 Meter über der Hauptstraße ganz langsam fahren und anhalten, wenn man rechts des Fahrwegs Steinplatten aus dem Rasen ragen sieht, genau auf Punkt 1570: die Plattas da las strias, die Hexenplatten. Es sind Schalensteine, Stätten heidnischer Götterverehrung. Die runden Vertiefungen sind teilweise miteinander verbunden und vor einigen Jahren sogar mit roter Farbe markiert worden. Man braucht sich nur auf die Felsbuckel zu stellen, den Blick in die großartige Landschaft gerichtet, und sofort begreift man, daß sich hier die Bewohner in den Urzeiten ihren Göttern näher fühlen mochten. Bald erreichen wir die kleine Häusergruppe Bos-cha (1664 m, = Wald), wo ein einziges Haus das Interesse anzieht, wenn man von der hinreißend schönen Panoramalandschaft absieht: das Haus Viletta mit seinem bizarren, ungewöhnlich geschwungenen Barockgiebel. Hinter Bos-cha stößt man auf die Überreste einer alten Mühle, auf das Mühlrad und den Mühlstein, die 1951 von einer Lawine zertrümmert wurde: »Vegl Muglin, an da Lavinas 1951« kann man lesen.

Auf den Matten unterhalb der einstigen Mühle existierte bis 1621 das Dorf Auasagna; nach seiner Zerstörung durch die Österreicher wurde es nicht mehr aufgebaut.

Gleich darauf erreichen wir Guarda (1653 m), das man fast nicht beschreiben kann. Ich habe vieles über Guarda gelesen, aber alles gleicht, verglichen mit der bezaubernden Wirklichkeit, einem matten Abziehbild. Guarda ist das ungewöhnlichste, das schönste Dorf des ganzen Engadins. Vielfach wird es als Museum bezeichnet. Das ist es zweifellos. Aber ein Museum, in dem Menschen leben, man riecht keine Muffigkeit, sondern Heu und Stall, und es herrscht stets ein munteres Treiben, an den Brunnen, auf den Bänken vor den Häusern. Guarda blieb von Feuer und Lawinen verschont und somit weitgehend in seiner Urform erhalten. Der Architekt Jachen Ulrich Könz, ein Sohn des Engadins, hat dem Dorf sogar zu neuem Glanz verholfen: Unter seiner Aufsicht erfolgten die vielen Restaurierungsarbeiten. Bunte, blumenbemalte Erker, verzierte Läden, Wappen und Sprüche, Sgraffiti in höchster Vollendung, alles ohne Zwang, ohne strengem Schema, heiter, verspielt, verträumt. Zeichnungen heben sich weiß aus farbigem oder Farbiges aus weißem Grund. Beherrschend sind Grau, Ockergelb und Rotocker, da und dort ein wenig Grün und Hellgelb. Guarda ist eine Sinfonie, in der alle Sätze harmonisch zusammenwirken: die Häuser, ihr Schmuck – und die Landschaft. Zu Recht wurde Guarda daher 1985 als »Ortsbild von nationaler Bedeutung« für die Schweiz eingestuft.

Der Name Guarda kommt von guardgia (= Wache), was man durch die exponierte Lage des Dorfes sofort versteht. Aber Wache steht auch in direktem Zusammenhang mit Schauen (guardar). Also heißt Guarda auch Schauen. Es gibt keinen treffenderen Namen für dieses Dorf. Das Schauen von Guarda aus ist ein wahrer Naturgenuß, hinab ins tiefe Tal, wo sich die Silberlinie des Inns dahinschlängelt, hinüber zur bizarren Nuna-Gruppe mit ihren einsamen Hochtälern. Vor gut dreißig Jahren war ich zum ersten Mal hier, damals über die Berge der Silvretta kommend. Seit jener ersten Begegnung hat es mich immer wieder in seinen Bann gezogen. Und immer, wenn ich mit einem Freund im Engadin bin, sage ich: »Komm, ich zeig' dir was Schönes« – und bringe ihn nach Guarda –, zum Schauen und Schauen, zur Erholung von Geist und Seele. Wer Guarda nicht kennt, kennt ein Stück Erdenschönheit nicht.

Erstmals urkundlich erwähnt wurde Guarda 1160. Unter dem österreichischen Oberst Alois Baldiron wurde es im Rahmen des Dreißigjährigen Krieges total eingeäschert – bis auf einen einzigen Mauerpfeiler. Nach seinem Wiederaufbau blieb Guarda vor weiteren Katastrophen verschont. Guardas letzte Blütezeit war um 1850, als es noch 280 Einwohner hatte. Bis 1865 führte die alte Hauptstraße über Guarda, das damals ein beliebter Etappenort war und mindestens zehn Herbergen hatte. Die heutige Talstraße brachte für Guarda zunächst einen wirtschaftlichen Niedergang; 1950 zählte Guarda 193 Einwohner, 1988 nur noch 134. Aber die Abgelegenheit vom Durchgangsverkehr erweist sich im Zuge des Fremdenverkehrs mehr und mehr als vorteilhaft – der heutige Feriengast liebt Ruhe, und die gibt es in Guarda. Heute hat Guarda zwei Hotels und ca. 30 Ferienwohnungen mit insgesamt 324 Fremdenbetten.

Das Hangdorf Guarda auf seiner großartigen Aussichtsterrasse. Guarda (»Schauen«) ist ein lebendes Museum.

Genau im Norden, nur 8 km Luftlinie vom Dorf entfernt, ragen die Dreiländerspitze und die beiden Buine wie riesige Wächter auf; von Guarda erreicht man sie durchs liebliche Val Tuoi, in dessen Ende die Tuoihütte als Stützpunkt für Wanderungen, Bergbesteigungen und Skitouren dient.

Lavin

Ab Guarda ist die Straße hinab ins Tal wieder asphaltiert. Bei der kleinen Häusergruppe Giarsun stoßen wir wieder auf die Hauptstraße. Zur Innbrücke hinab sind es zu Fuß nur wenige Minuten. Hier beginnt eine der schönsten Wanderungen im Talbereich des Unterengadins: Sur En (Ardez) – Aschèra – Vallatscha – Tarasp – Vulpera – Scuol. Und eine der wildesten Innschluchten: die Giarsunschlucht (fälschlicherweise auch »Obere Ardezer Schlucht« genannt). Wir aber halten uns an die Hauptstraße, kommen nach etwa 3 km nach Lavin (1412 m), das seit Herbst 1971 eine Umfahrung hat und wieder ein ruhiges Dorf ist.

◁ *Ardez mit Ruine Steinsberg, Blick talauswärts rechts Engadiner Dolomiten.*

Oben: Schloß Tarasp mit dem Ort Sparsels. Unten: Piz Linard (3411 m), der höchste Gipfel der Silvretta und des Unterengadins.

Die Spekulanten von Guarda

Es war einst typisch für die Bauern von Guarda, daß sie oft alles besser wissen wollten und hie und da sogar etwas besonders Kluges erfanden. Oft genug versuchten sie den Leuten der Nachbardörfer klarzumachen, wie erfinderisch man in Guarda sei. So dachte ein ganz besonders Schlauer: Warum soll es nicht möglich sein – ähnlich wie bei einem anderen Saatgut –, auch Nähnadeln zu säen, um dann Stemmeisen zu ernten! Organisiert betrieben, sollte das für die Gemeinde mit der Zeit einen schönen Gewinn abwerfen. Die Idee wurde von der gesamten Gemeindeversammlung begeistert aufgenommen. Nur der Ziegenhirt wagte schüchtern einige Bedenken anzumelden. Aber der hatte ja nicht einmal einen Acker, wie sollte er so etwas verstehen! Die Nähnadeln wurden also unter amtlicher Aufsicht einzeln und sorgfältig gesät, das Wetter schien günstig, der Herr Pfarrer gab sogar seinen Segen. Was konnte da noch schiefgehen? Es wurde Herbst. Auf den Äckern der gesamten Gemeinde wuchs aber nichts als Unkraut. Kein Stemmeisen weit und breit. Die wiederum amtlich vorgenommene Untersuchung ergab, daß die Nadeln zwar rostig, doch um kein Haar länger geworden waren. Der Ziegenhirt lachte. Und die Blamage war perfekt, weil die Bauern von Guarda – wie üblich – ihren Erfindergeist bereits in das ganze Tal hinausposaunt hatten.

Lavin erscheint kulturgeschichtlich zum ersten Mal um die Mitte des 12. Jahrhunderts, unter dem Namen »Lawinis«. Dieser Name könnte vom spätlateinischen Labina hergeleitet werden und würde sich dann auf die Lawinen zwischen Lavin und Guarda beziehen. Einer anderen Schilderung entsprechend soll Lavin von einer Stadt in Latium, genannt Lavinium, abstammen. Lavinia, die Tochter des Königs Latinus, gab dieser Stadt ihren Namen. Aber die Verbindung mit Lawine scheint mir wirklichkeitsnaher.
Früher waren die Lawinen, die jeden Winter vom Piz Chapisun herabdonnerten, eine ständige Bedrohung. Heute schießt oder sprengt man sie früh genug ab. Aber noch schlimmer als die Lawinen waren für Lavin die Brände.

J. G. Steiner schrieb 1869: »Der 1. Oktober 1869 war für unser unglückliches Lavin ein Tag unsäglichen Schreckens. Drei Menschenleben, 68 Häuser mit ihren Ställen wurden zur Beute einer schrecklichen Feuersbrunst. Es gibt wohl viele Vermutungen, doch die wahre Ursache blieb bis heute unbekannt. Vom Feuer verschont wurden Surpunt, Suotröven, die Mühle, die Säge, Plans, ein Haus in Fulun und ein Haus in Baselgias. Eine damalige Schätzung des Gesamtschadens ergab die lächerliche Summe von Fr. 12.316,80. Um eine größere Feuersicherheit zu gewährleisten, wurden für den Wiederaufbau folgende Bestimmungen getroffen:
Es sind nur einfache Dachstühle erlaubt.
Alle Dächer müssen aus hartem Material gefertigt werden.
Die Häuser dürfen nicht mehr aneinander gebaut werden.
Die Zufahrt zum Heustall darf nicht mehr durch das Haus genommen werden usw.«
Diese Bestimmungen sind eingehalten worden. Der für das Engadinerhaus typische »Sulèr« kam nicht mehr zur Ausführung. Als beste Lösung für die Bedachung sah man die sogenannten Holz-Zementdächer an, die sicherer waren und dazu noch weniger Material (Holzmangel) brauchten als Schindeldächer. Aus diesem Grunde präsentiert sich das neue Lavin nicht mehr als typisches Engadinerdorf. Neu aufgebaut wurden 34 Häuser, genau die Hälfte der abgebrannten. Der Brand hat sicher eine stattliche Anzahl von Kunstdenkmälern in Gestalt prächtiger Engadinerhäuser und Mobiliar zerstört. Die Kirche ist aber erhalten geblieben. Sie stammt aus den Jahren 1500–1510. Sie ist auf einer spätromanischen Chorabschlußmauer einer älteren Kirche (1250–1300) aufgebaut.
Das Innere des Kirchleins – den Schlüssel bekommt man im Haus unterhalb der Straße – ist ein kleines Wunderwerk, das erst 1956 bei Restaurierungsarbeiten ans Licht kam. Tempera-Malereien, die etwa um 1500 entstanden sind. Unter Kunstkennern berühmt und in der Darstellung ungewöhnlich ist im Gewölbe das Bild Christi als Weltenherrscher mit dem »Dreigesicht«: 4 Augen, 3 Münder, 3 Nasen; Symbolisierung der Dreifaltigkeit. Aber das ist nur ein kleiner Teil des gewaltigen Temperawerkes. An der rechten Seite des Altarbogens ist alles in schöner Schnitzschrift genauestens beschrieben. Abertausende, die vorbeifahren,

Die Kuh-Henker von Lavin

Einem armen, geizigen Bauern aus Lavin war einst im Frühling sein gesamter Heuvorrat ausgegangen, noch bevor auf den Wiesen auch nur ein einziges Blättchen gewachsen war. Seine einzige Kuh war am Verhungern, sie muhte Tag und Nacht erbärmlich. Da und dort wäre zwar etwas Heu aufzutreiben gewesen, doch den Bauer reute das Geld. Da entdeckte er auf dem Kirchturm einige dürre Halme. Diese wollte er nun seiner halbverhungerten Kuh nicht vorenthalten. Die eiligst herbeigerufenen Freunde waren gleicher Meinung: die Kuh an einem Seil zu den Halmen hinaufzuhieven. Das Vorhaben glückte. Mit dem Strick um den Hals bei den Halmen angekommen, streckte die Kuh zwar die Zunge heraus, »um die Halme zu fassen«, doch »fressen will es nicht, das verflixte Vieh!« Die Bauern halten das Seil, warten und warten – doch alles umsonst, die Kuh will von den Halmen einfach nichts mehr wissen. Somit lassen sie die arme Kuh langsam wieder herunter, nur langsam, um ihr nicht weh zu tun...

wissen nicht, welcher Kunstgenuß ihnen hier entgeht (während fünf Besichtigungen sah ich niemals einen anderen Besucher!).
Die nahe Umgebung Lavins war jedoch viel früher besiedelt als Lavin selbst. Prähistorische Funde auf Las Muottas – der Hügelgruppe oberhalb Plans auf der rechten Innseite – beweisen das: 1938/39 hatte man dort eine Siedlung freigelegt, die ihrer Keramik nach in der Zeit 1600–1500 v.Chr. existierte. Naturgeschichtlich interessant ist die Gletschermühle in Sassagl, etwa 300 Meter östlich von Plans; der große Inngletscher bedeckte das Tal bis etwa 12000 v.Chr. An der alten Talstraße zwischen Lavin und Guarda – oberhalb der heutigen, noch als bescheidener Fahrweg vorhanden – befand sich etwa 1,2 km östlich von Lavin das Dorf Gonda (1568 m), genau östlich des ausgeprägten Grabens »Laviner da Gonda«, der vom Piz Chapisun herabzieht. Einige Ruinenreste zeugen heute noch von Gonda, das um die Mitte des 16. Jahrhunderts 30 Häuser zählte und eine Kapelle hatte.
Trotz der Brände, Lawinen und Kriegswirren hat Lavin heute noch einige schmucke Häuser. Und nicht zuletzt sei auch erwähnt, daß Lavin einmal berechtigte Hoffnungen hatte, ein »goldenes« Dorf zu werden, denn in einer Urkunde aus dem Jahr 1700 heißt es: »Jenseits Lavin ware vor Jahren ein Goldgrub, die ein H. Planta von Steinberg bearbeiten lassen, aber mit schlechtem Nutzen, denn seine Bergknappen rissen ihm alle miteinander in einer Nacht aus.«
Lavin hat heute 195 Einwohner und 70 Häuser (1860 waren es 387 Einwohner und 81 Häuser), ein Hotel, zwei Ustarias und insgesamt ca. 118 Fremdenbetten. Lavin ist ein hübscher, ruhiger Ferienplatz, Ausgangsort für Besteigungen des Piz Linard (3410 m) und für zahlreiche lohnende Wanderungen, z.B. in das traumhaft schöne Macungebiet mit seinen kleinen Seen.

Susch

Von Lavin nach Susch (1426 m) sind es nur 3 km. Inn und Straße rücken wieder näher zusammen. Wie die meisten Engadiner Dörfer war auch Susch von Bränden verwüstet worden: 1875, 1900 und 1925. Aber beim jeweiligen Wiederaufbau hatte man sich glücklicherweise sehr gekonnt an den alten Engadiner Stil gehalten. Das Dorf, direkt am Inn, vermittelt heute ein gediegenes Bild. Es ist ein wichtiger Straßenknotenpunkt, denn hier vereinigen sich Flüelapaß- und Engadinstraße. Rechts des Inns vier markante Hügel, die schon in der Bronzezeit strategisch wichtig waren. Von der alten »Fortezza« – Segusia – »die Starke« sind nur noch einige Trümmer zu sehen. Über den Inn führt eine hochromantische, überdachte Holzbrücke. In der Kirche ein schmuckes Sterngewölbe aus dem Jahre 1515.
In ihr diskutierten und verhandelten an Weihnachten 1537 Katholiken und Reformierte über die Glaubensfreiheit, die hier schließlich auch Anerkennung fand. Susch ist der Geburtsort von Ulrich (Duri) Campell (um 1504–1582), des großen Reformators und Chronisten Bündens.
Susch hat heute 230 Einwohner, vier Hotels mit Restaurant und ein knappes Dutzend Ferienwohnungen – leider noch keine Umfahrungsstraße.

Zernez

Bei Susch hat der Inn sein ausgeprägtes Knie. Talaufwärts in nun südlicher Richtung – das Tal wird wieder eng und wild – erreichen wir nach 6 km Zernez

Blick auf den Talkessel von Zernez, dem obersten Ort des Unterengadins, talauswärts. Im Hintergrund der Piz Linard. ▷

Die Mörder von Susch

Die Gemeinde Susch verkaufte vor vielen Jahren eine für sie zu abgelegene Alp den Klostersern im Prättigau. Diese nennen sie heute noch »Süsertal«. Nachdem der Verkaufspreis festgelegt worden war, erfuhren die Suscher zu ihrem großen Ärger, daß die Klosterser auch mehr bezahlt hätten, falls dies verlangt worden wäre, und daß sie diesmal die Schlaueren gewesen seien. Um sich zu rächen, beschlossen die Suscher, den zur ausgemachten Zeit ankommenden Klosterser Geldboten am Flüelapaß zu überfallen, ihn zu ermorden, das Geld an sich zu nehmen und nachträglich zu behaupten, die Geldsumme nicht empfangen zu haben. Somit würden sie das Doppelte kassieren, und die Prättigauer wären dann ihrerseits die Angeschmierten gewesen. Am bestimmten Tag fanden sich also vier Taugenichtse aus Susch am Flüelapaß ein, bei denen ein Mord mehr oder weniger keine Rolle spielte. Damit das Geld aber auch wirklich abgeliefert werde, wurde zur Sicherheit auch noch der Gemeindeschreiber mitgeschickt. Die Klosterser aber vernahmen von diesem Plan, schickten den Boten als armen Bettler verkleidet über den Flüelapaß nach Susch. Die Mörder ließen den Bettler natürlich vorbeiziehen, ohne das geringste zu ahnen. Dieser lieferte zum großen Erstaunen des Gemeindekassiers die versprochene Geldsumme vertragsgemäß ab, machte sich auf Umwegen wieder aus dem Staub, und die Suscher hatten erneut das Nachsehen.

(1472 m) im weiträumigen Talkessel von Inn und Spöl. Zernez hat 982 Einwohner, ist Abzweigungspunkt der Straße in Richtung Ofenpaß und Italien, zugleich das Tor zum Schweizer Nationalpark, dessen Verwaltung sich ebenfalls hier befindet: Nationalparkhaus, 1966 erbaut (Informationen, Führungen usw.). Zernez hat eine herrliche Barockkirche (1607) mit einem außergewöhnlich schönen Chorgewölbe. Ansonsten ist Zernez, von einigen wenigen Häusern abgesehen, wahrhaftig keine Augenweide, denn nach dem Großbrand 1872 wurde es förmlich antiengadinerisch aufgebaut; im langweiligen Flachdachstil. Dafür gibt es in Zernez das Schloß Wildenberg der Familie Planta. Eine geschichtsreiche Stätte, die allein ein Buch füllen würde.

Am und auf dem Hügel »Muottas«, östlich des Dorfes, befand sich eine späteisenzeitliche Siedlung. Auch Zernez hat in den letzten Jahrzehnten einen wirtschaftlichen Wandel durchgemacht. Waren es 1955 noch 84 landwirtschaftliche Betriebe (45 hauptberufliche), so gibt es heute nur noch 21 (fünf mit Kleinvieh). Der Fremdenverkehr spielte in Zernez immer schon eine bedeutende Rolle: dreizehn Hotels, elf Restaurants und ca. 80 Ferienwohnungen, insgesamt ca. 1000 Fremdenbetten. Zernez ist ein sehr zentraler Stützpunkt für Wanderungen, Bergbesteigungen, Skitouren und natürlich für Besuche des Schweizer Nationalparks. Durch den Bau der Engadiner Kraftwerke (1970) wurde der früher rassige Spöl, den Wildwasserfahrer als Miniausgabe der Verdonschlucht schätzten, zu einem spärlichen Rinnsal. –
Damit sind wir am oberen Ende des Unterengadins angelangt. Die Grenze zwischen Unter- und Oberengadin verläuft zwar weiter oben, über die Punt Ota, bei Brail, der kleinen Straßensiedlung, die noch zur Gemeinde Zernez gehört, aber ab Zernez umgibt einen auch schon bald die Rauheit des Oberengadins. Besonders ausgeprägt durch die wilde Brail-Schlucht des Inns, die unter den Wildwasserfahrern auch als »Teufelsschlucht« bekannt ist.
Von jedem Unterengadiner Dorf aus, das man für seinen Ferienaufenthalt gewählt hat, können die hier beschriebenen Dörfer im Rahmen interessanter Kunstrouten verbunden werden.

Die Hundefresser von Zernez

Ein junger Jäger aus Zernez war weit über die Gemeindegrenzen hinaus als großer Aufschneider bekannt. So unterhielt er an einem Abend die gesamte Jungmannschaft mit den unwahrscheinlichsten Jägergeschichten, wobei er besonders seinen treuen Jagdhund über alle Maßen zu loben verstand. Von den anderen deswegen hochgenommen, versprach er ihnen stolz für den folgenden Abend einen Hasenbraten und ging anderntags auf die Hasenjagd. Es dauerte nicht lange, bis ein Hase – den braven Hund dicht auf den Fersen – am jungen Jäger vorbeiraste. Sekunden später krachte der Schuß – doch statt des Hasens traf der Pechvogel mit zwei vollen Schrotladungen seinen armen Hund – aber seine Freunde hatten den versprochenen »Hasenbraten«. Er soll vorzüglich geschmeckt haben …

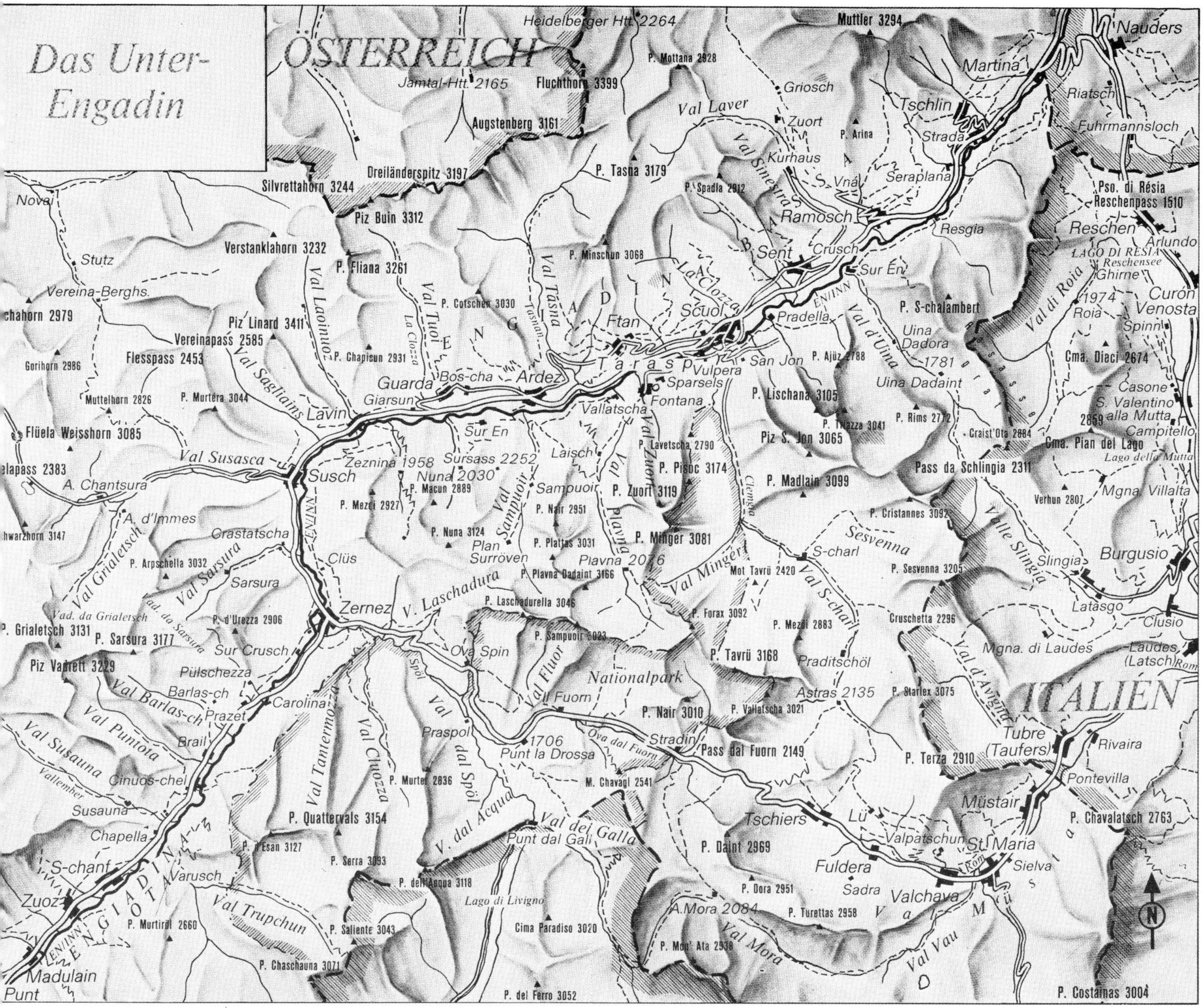
Das Unter-Engadin
ÖSTERREICH
ITALIEN
Heidelberger Htt. 2264
Muttler 3294
Nauders
P. Mottana 2928
Jamtal-Htt. 2165
Fluchthorn 3399
Griosch
Martina
Val Laver
Tschlin
Riatsch
Augstenberg 3161
Zuort
P. Arina
Strada
Fuhrmannsloch
Kurhaus
Val Sinestra
Vnà
Seraplana
Dreiländerspitz 3197
P. Tasna 3179
Silvrettahorn 3244
P. Spadla 2912
Pso. di Résia
Reschenpass 1510
Novai
Ramosch
Piz Buin 3312
Resgia
Reschen
Sent
Crusch
Arlundo
Verstanklahorn 3232
P. Minschun 3068
LAGO DI RESIA
Reschensee
Stutz
P. Fliana 3261
Sur En
Ghirne
Val Lavinuoz
Val Tuoi
Val Tasna
La Clozza
1974
Curon Venosta
Vereina-Berghs.
Roia
P. Cotschen 3030
Scuol
P. S-chalambert
Val di Roia
chahorn 2979
Piz Linard 3411
Pradella
Val d'Uina
Spinn
Vereinapass 2585
Ftan
Uina Dadora
Flesspass 2453
1781
Cma. Dieci 2674
Gorihorn 2986
P. Chapisun 2931
Tarasp
Vulpera
San Jon
P. Ajüz 2788
Bos-cha
Ardez
Uina Dadaint
Guarda
Sparsels
Casone
Muttelhorn 2826
P. Murtèra 3044
Giarsun
Fontana
P. Lischana 3105
S. Valentino alla Mutta
Lavin
Val Sagliains
Vallatscha
2859
Campitello
Flüela Weisshorn 3085
P. Triazza 3041
P. Rims 2712
Sur En
Piz S. Jon 3065
Craist'Ota 2884
Cma. Pian del Lago
P. Lavetscha 2790
Lago della Mutta
Val Susasca
Zeznina 1958
Sursass 2252
Laisch
elapass 2383
Nuna 2030
P. Pisoc 3174
Pass da Schlingia 2311
Susch
P. Madlain 3099
A. Chantsura
P. Macun 2889
Sampuoir
P. Zuort 3119
Mgna. Villalta
Clemgia
Verhun 2807
P. Mezdi 2927
P. Nair 2951
Val Plavna
A. d'Immes
P. Cristannes 3092
Val Sampuoir
Crastatscha
P. Nuna 3124
Sesvenna
Valle Slingia
hwarzhorn 3147
Plan Surröven
P. Plattas 3031
P. Minger 3081
Burgusio
S-charl
Clüs
Plavna 2076
Slingia
P. Arpschella 3032
Val Sarsura
Mot Tavrü 2420
P. Sesvenna 3205
Val Grialetsch
V. Laschadura
Val Minger
P. Plavna Dadaint 3166
Sarsura
Val S-charl
Latasgo
P. Laschadurella 3046
Zernez
Cruschetta 2296
Clusio
Vad. da Grialetsch
Vad. da Sarsura
P. Forax 3092
P. d'Urezza 2906
P. Mezdi 2883
P. Grialetsch 3131
P. Sampuoir 3023
Ova Spin
Mgna. di Laudes
Laudes (Latsch)
P. Sarsura 3177
Sur Crusch
P. Tavrü 3168
Praditschöl
Piz Vadret 3229
Spöl
Nationalpark
Val d'Avigna
Pülschezza
Val Fluor
Astras 2135
P. Starlex 3075
Val Barlas-ch
Barlas-ch
Il Fuorn
Carolina
P. Nair 3010
P. Vallatscha 3021
Val Puntota
Prazet
Val Tantermozza
Val Cluozza
Tubre (Taufers)
Brail
Praspol
Val dal Spöl
Ova dal Fuorn
Stradin
Rivaira
Val Susauna
1706
Punt la Drossa
Pass dal Fuorn 2149
P. Terza 2910
Cinuos-chel
Vallember
P. Murter 2836
M. Chavagl 2541
Pontevilla
Susauna
P. Quattervals 3154
Tschiers
Lü
Müstair
V. dal Acqua
Val dei Galla
P. Chavalatsch 2763
Chapella
Punt dal Gall
Valpatschun
St. Maria
P. d'Esan 3127
P. Daint 2969
S-chanf
P. Serra 3093
Fuldera
Sielva
Varusch
P. dell'Acqua 3118
Sadra
P. Dora 2951
Valchava
Zuoz
Lago di Livigno
Val Trupchun
A. Mora 2084
P. Turettas 2958
Val Müstair
ENGIADINA OTA
P. Murtiröl 2660
P. Saliente 3043
Cima Paradiso 3020
Val Mora
Val Vau
EN/INN
P. Mon' Ata 2938
P. Chaschauna 3071
Madulain
Punt
P. del Ferro 3052
P. Costainas 3004
N

Badekönigin der Alpen

Metropole des Unterengadins

Genaugenommen sind es drei Orte: Scuol, Tarasp, Vulpera. In ihrem Alltag führen sie noch ein reichlich eigenständiges Leben. Doch die heilenden Wasser aus den insgesamt 25 Quellen machten sie zu einem großen Kurgebiet, das heute als Bad Scuol und Bad Tarasp-Vulpera bekannt ist. Scuol (sprich Schkuol) hat sich links des Inns ausgebreitet, Tarasp und Vulpera rechts des Inns. Aus der Luft oder von irgendeinem nahen Gipfel aus gesehen, erscheint alles als Ganzes, durchsetzt von Wiesen und Wald, verziert durch den glitzernden Streifen des Inns. Heutiges Wahrzeichen des Unterengadins ist Schloß Tarasp, das auf seinem mächtigen Hügel den ganzen Talkessel beherrscht. Sehen wir uns die drei Dörfer etwas näher an.

Bad Scuol

Wer Scuol mit seinen 1800 Seelen erstmals per Auto erreicht und sich auf der Hauptstraße umsieht, ist vom ersten Eindruck vielleicht nicht sehr angetan. Denn hier haben die Architekten der späten achtziger Jahre des letzten Jahrhunderts einige stilistische Seitensprünge veranstaltet. Aber diese Straße bildet auch nicht das echte, alte, liebenswerte Scuol. Lassen Sie den Wagen ruhig an der Hauptstraße stehen, etwa bei der Post, und spazieren die paar Minuten hinauf ins Oberdorf, genannt Vi. Auf dem Bummel bis zum Clozzabach – talab – geht einem bald das Herz vor Begeisterung über. Fast jedes Haus zwingt einen zum Verweilen, zum Schauen. Blicke in hochromantische Seitengassen. Rechts ein Dorfplatz (Plazzetta), vollkommen erhalten, der einen sofort in die Vergangenheit versetzt. Ein Brunnen, aus dem zwei verschiedene Wasser fließen: reines Quellwasser, kalt und erfrischend; daneben perlendes Mineralwasser mit natürlicher Kohlensäure. Beim Clozzabach wieder auf der Hauptstraße, geht's hinab nach Scuol sot, ins Unterdorf. Staunen auch hier. Bauernpaläste, sauber und reich an Sgraffiti, um die beiden Hauptplätze gruppiert. Und auch hier ein Brunnen, der beide Wasser spendet. In der Ustaria Engiadinaisa, einer der gemütlichsten Dorfstuben, fließt süffiger Veltliner; hier trifft sich abends jung und alt, Einheimische stoßen mit den Gästen an. Sollte es tatsächlich mal einen ganzen Tag regnen, dann vermittelt ein Besuch des reichen Museums vielseitige Eindrücke über das frühere Leben in diesem Tal. Sogar die erste romanische Bibel, die 1679 in Scuol gedruckt wurde, kann hier eingesehen werden.

Auch die gotische Kirche ragt im Unterdorf (Scuol sot) auf. Von der felsigen Erhebung, auf der sie, direkt überm Inn, das Bild beherrscht, hat Scuol seinen Namen bekommen: Das lateinische Scopulus bedeutet »Klippe«, so daß man in Scuol mit Recht die unzutreffende Verdeutschung »Schuls« nicht gerne hört.

In der auffallend schlichten Kirche eine bemerkenswerte Orgel (1742); die Kirche selbst wurde urkundlich bereits 1178 erwähnt. Bei Arbeiten zur Erweiterung des Friedhofs machte man 1963 am Südhang des Kirchhügels reiche urgeschichtliche Funde, die beweisen, daß dieser Platz bereits in der mittleren Bronzezeit (1500 v. Chr.) besiedelt war. Auf dem Kirchhügel (Munt) wurde 1621 erbittert gekämpft: eine Handvoll Männer und Frauen gegen die Soldaten des österreichischen Obersten Alois Baldiron, der das ganze Tal in Schrecken und Brand versetzte. –

Unterhalb der Kirche der östliche Platz (Plaz) von Scuol sot. Auf ihm der Brunnen mit der Holzstatue

Blick auf Scuol. Rechts oberhalb der Brücke sieht man Vulpera. Links die Pisoc-Gruppe, an deren Fuß das Val S-charl beginnt. ▷

42
Vulpera auf der rechten Innseite. Hinten Schloß Tarasp (links) und die Berge am Flüelapaß.

für Joan Marnia, Cancelier (= Gemeindeschreiber), der um 1700 politisch eine einflußreiche Rolle spielte und von 1700 bis 1730 die romanische »Gazetta Ordinaria da Scoul« als erste Bündener Zeitung herausgab – lange bevor die Hauptstadt Bündens seine erste Zeitung hatte: »Montägliche Churer Zeitun« (1719). Marnias Gazetta wurde in der ersten Engadiner Druckerei, die im Haus Baer-Gaudenz (Bügl grond) untergebracht war, gedruckt. Gehen Sie jetzt noch die wenigen Meter die schmale Gasse hinab in Richtung Punt veglia (Alte Brücke), um rechts den eigenartig an der einen Hauswand klebenden Backofen zu betrachten. Und schauen von hier zurück auf den Platz, um die Heimeligkeit dieses Dorfwinkels wirken zu lassen. Westlich des Marnia-Brunnens der zweite Platz des Unterdorfes, genannt Bügl grond (großer Brunnen); auch sein Brunnen hat zwei verschiedene Wasser. Und ein wohlgeordnetes Kunterbunt von verspielten Stilarten der Häuser: barocke Sentergiebel, stilreine Engadiner Häuser, Bauten mit österreichischem Einschlag. In der westlich von diesem Platz wegführenden Gasse steht rechts das imposante Haus mit seinem reichen Wandschmuck der (Maler-)Familie Stocker; in seiner Art bestimmt eines der schönsten Häuser von Scuol.

Damit haben wir nur einen kleinen Teil der Dorfbesichtigung hinter uns – selbst nach Wochen entdeckt man immer wieder neue romantische Winkel und Gassen.

Bad Scuol hat sich vom einstigen reinen Kurbetrieb zu einem beliebten Alpen-Erholungszentrum entwickelt, mit vielschichtigem Publikum: Kurgäste, Wanderer jeder Schattierung – vom Talspazierer bis zum Hochgebirgswanderer –, Bergsteiger, Kletterer wie Gletschertouristen; seit vielen Jahren sieht man auch Wildwasserfahrer mit ihren Kajaks auf den Autodächern. Denn der Unterengadiner Inn gehört zu den interessantesten, vielseitigsten Kajakflüssen der gesamten Alpen. Weil er jede Art von Schwierigkeit bietet und von Mai bis Mitte Oktober befahrbar ist. Und seit Dezember 1973 ist Scuol auch ein Mekka der Delta-(Drachen-)Flieger: Erste alpine Delta-Flugschule der Welt – in ihr wurde auch ich zu einem Ikarus-Jünger ausgebildet.

Scuol hat heute 22 Hotels und Pensionen jeder Kategorie, dazu rund 310 Ferienwohnungen und Touristenlager mit zusammen über 3000 Betten. Freibad, Hallenbäder, Tennisplätze, Golf und Minigolf. Die beiden Gondelbahnen auf die Motta Naluns (2146 m) sind schnelle Zubringer in ein zauberhaftes Wandergebiet. Die ganze Gegend ist wegen ihres Blumenreichtums zum Pflanzenschutzgebiet erklärt worden. Von hier aus kann man sogar den Piz Tasna (3179 m) in der östlichen Silvretta gemütlich an einem Tag besteigen (siehe Seite 116), die unschwierigen Gipfel Piz Clünas (2793 m), Piz Minschun (3068 m) und Piz Champatsch (2919 m) erreichen. Und schließlich beginnt hier auch die Höhenwanderung talauswärts in Richtung Sent; man kann sie bis hinaus nach Tschlin und Vinadi erweitern. Die Rundtour durchs Val Sinestra nach Sent und Scuol beginnt auch auf Motta Naluns. In den Nationalpark ist es von Scuol nur ein Katzensprung. Ebenso ins S-charltal im Süden – um hier nur einige der wichtigsten Möglichkeiten zu nennen. Der gediegen angelegte Campingplatz von Scuol befindet sich auf der rechten Innseite.

Wer in seinen Sommerferien snobistischen Rummel liebt und allein darauf aus ist, gesehen zu werden, der sollte das Unterengadin mit seinen ruhigen Dörfern lieber gleich wieder vergessen. Was nicht ausschließt, daß man auch in Scuol und Tarasp-Vulpera Abende erleben kann, die man nicht so schnell vergißt. In urgemütlichen Ustarias, aber auch in gepflegten Bars, die teilweise von Musikbands besetzt sind.

Bad Tarasp-Vulpera

Die Gemeinde Tarasp hat 342 Einwohner und besteht aus mehreren Siedlungen: Funtana, Sparsels, Chaposch, Vallatscha, Florins, Avrona, Sgnè, Chants und Vulpera, mehr oder weniger nahe um das Schloß Tarasp, von dem die Gemeinde ihren Namen hat, verstreut. Ein weitläufiges Gebiet am Fuße der wilden Pisoc-Gruppe, waldreich, mit zwei kleinen Seen, unzähligen Ausflugsmöglichkeiten. Sechs Hotels, zwei Pensionen, 330 Ferienwohnungen mit zusammen über 1300 Fremdenbetten. Freibad, Hallenbad, Kanuschule, Golfplatz in außergewöhnlich schöner Lage. Die nördlichste Grenze des Schweizer Nationalparks reicht bis ins Gemeindegebiet. Das Schloß Tarasp (siehe Seite 55) ist ein vielbesuchtes Besichtigungszentrum.

Engadiner Haus in Scuol.

»Badekönigin der Alpen«

Kein Alpenkurgebiet besitzt so viele Quellen wie Bad Scuol und Bad Tarasp-Vulpera. Bereits 1369 wurden sie erstmals erwähnt. Conrad Gesner, der Schweizer Naturforscher und Arzt, schrieb 1561 nach seinem Kuraufenthalt an einen seiner Freunde: »Nachdem ich im hohen Alter in den Rhätischen Alpen von der Sauerquelle, ein Wunderwerk der Natur, getrunken hatte, habe ich mich immer gut gefühlt, viel besser als in früheren Jahren.« Conrad Gesners »hohes Alter« zählte zu diesem Zeitpunkt 45 Jahre (er starb 1565), aber zu seiner Zeit lag die Lebenserwartung bei etwa 30 bis 35 Jahren.

Die Quellen verdanken ihre Entstehung dem weltberühmten »Geologischen Fenster des Unterengadins« – ein Wunder der Erdentstehung, wie man es in den Alpen nur hier kennt: Die vollkommen kompakten und gasundurchlässigen Gneis- und Granitschichten, aus denen die ostalpinen Decken bestehen, sind allein im Unterengadin wie aus- oder abgeschnitten. Einfacher erklärt, ist das geologische Fenster ein Fenster ohne Glasscheibe, wenn man sich die oberen Schichten wegdenkt. Auf der geologischen Karte der Schweiz sieht es aus wie ein schräg liegendes gotisches Fenster, das sich zwischen Tarasp und Ftan zur Spitze verjüngt und nach Nordosten, zwischen Inn und Piz Arina, ausweitet und bis nach Prutz in Tirol erstreckt; es hat (ab Bahnstation Guarda) eine Länge von 55 km und eine Breite von 17 km. Im Erdinnern entstehen durch ungleiche Vorwärtsbewegungen ungeheurer Felsmassen Risse, Zerrungen. Unvorstellbare Hitze entsteht, Gase entwickeln sich. Durch Druck werden sie nach außen gepreßt. Auf dem Weg nach außen dringen sie durch weiche Schieferschichten, stoßen

Kirche im Unterdorf von Scuol auf einer Felsenklippe über dem Inn. ▷

auf Untergrundwasser. Druck vermischt Gas und Wasser. Quellen mit unterschiedlichsten Zusammensetzungen entstanden: Schwefelquellen, Glaubersalzquellen, Bittersalzquellen, alkalische Kalk- und Eisensäuerlinge – 25 Quellen allein im Gebiet Scuol–Tarasp–Vulpera – und Arsenquellen im Val Sinestra bei Sent. Beide Orte bildeten um die letzte Jahrhundertwende das größte, bedeutendste Kurzentrum der Schweiz und waren bekannt als »Badekönigin der Alpen«. Abertausende haben hier schon ihre Gesundung eingeleitet oder vervollkommnet: Die Trink- und Badekuren sind speziell für Leber- und Gallenleiden, Magen-Darm-Krankheiten, Stoffwechsel-, Herz- und Kreislauferkrankungen.
Die außergewöhnlichen Kurerfolge stehen zweifellos auch immer in direktem Zusammenhang mit den Vorzügen von Klima (siehe Seite 59) und Landschaft.
Man braucht als Bergfreund übrigens nicht erst krank zu sein, um in den Ferien eine Trinkkur mitzumachen. Am Morgen und Abend je einen »Bonifazius« oder »Luzius«, dann werden Sie mal sehen, was sich in Ihrer Magengegend alles zu rühren beginnt! Freunde behaupten von mir, ich hätte einen typischen »Saumagen«, einen vollkommen gesunden also, weil er auch gegen das unmöglichste Essensdurcheinander nicht rebelliert. Aber mindestens einmal im Jahr – eine Woche lag – genieße ich neben dem Veltliner auch den »Bonifazius« – dann geht's mir stets wie Conrad Gesner vor über vierhundert Jahren: »... habe ich mich immer gut gefühlt, viel besser als in früheren Jahren«. Ob im Winter nach Skitouren, Pistengaudi oder Loipenvergnügen oder im Sommer nach Wanderungen, Bergbesteigungen, Kunstausflügen, Deltaflug-Abenteuern oder rassigen Wildwasserfahrten. Und besonders nach langen Schreibtischwochen. Sport und Kur kann man hier wunderbar kombinieren.
Und es ist klar, daß Sie als gesunder Mensch nicht unbedingt einen Kurarzt besuchen müssen, um sich mit den verschiedenen »Wässerchen« vertraut zu machen. Versuchen Sie's mal mit den fünf öffentlichen Mineralbrunnen von Scuol, die Sie bald finden werden. Und wenn die nicht reichen, dann probieren Sie die öffentlichen Quellen Sot Sass am Ostrand des Dorfes oder Vi im Oberdorf. Schon nach wenigen Trinktagen werden Sie kleine Wunder erleben!

Naturphänomene

Neben dem Reichtum an Mineralquellen gibt es im Raum Scuol weitere Naturphänomene: Gasaustritte, Salzausblühungen und Moffetten. An vielen Stellen treten die Gase, ohne sich mit Untergrundwasser zu vermischen, frei aus dem Schiefergestein. Am Inn entlang und in den Schluchten der Seitenbäche bilden sich an den Felsen, besonders an regengeschützten Stellen, zahllose schneeweiße Salzausblühungen. Sie bestehen vorwiegend aus Sulfaten und Carbonaten von Kalzium und Magnesium, vermischt mit Kieselsäure und anderen Verbindungen. An den gleichen Stellen treten auch unbedeutend kleine Mengen Gas durch die Gesteinsporen aus. An anderen Stellen wieder strömt das Gas wie durch einen Kamin aus der Erde; sie nennt man Moffetten. Alles in ihrer unmittelbaren Nähe befindliche Leben stirbt nach kurzer Zeit. Man sieht es an herumliegenden toten Insekten und kleinen Tieren, sogar Vögel, Mäuse und Reptilien fallen ihnen zum Opfer. Experimente zeigten, daß zum Beispiel Hühner, über eine Moffette gehalten, nach fünfzehn bis zwanzig Minuten das Bewußtsein verlieren; ein großer Kater versank schon nach Sekunden in scheintoten Zustand. Die Gasaustritte, aus denen täglich Millionen Liter Gas ausströmen, sind weder genau erforscht noch in irgendeiner Weise genutzt.

Ils Porchs

Die Einwohner von Scuol erfreuen sich nicht gerade des schmeichelhaftesten Übernamens. Bei einem Alpaufzug im S-charltal geschah es, daß die Säue den Festbrei verschütteten. Gemeinsam mit den Säuen hätten die hungrigen Bauern denselben vom Boden geschmaust. In ihrem Eifer sollen sie sogar mitgegrunzt haben. Aber in Scuol ist man tolerant und humorvoll genug, um sich über die »porchs« nicht aufzuregen.

◁ *Engadiner Haus mit Brunnen in Scuol.*

Chronik-Tafel

1369	Erste urkundliche Erwähnung der Quellen
1679	Die erste romanische Bibel, in Scuol gedruckt, erscheint
1700	»Gazetta Ordinaria da Scuol«, erste Zeitung Graubündens
1747	Erstmaliger Versand von Mineralwasser
1850	Die wichtigsten Quellen werden analysiert
1860/62	Bau des Kurhauses Tarasp, 1864 eröffnet (jetzt Parkhotel Kurhaus Bad Tarasp)
1872	Gründung des Vereins zur Förderung des Fremdenverkehrs im Unterengadin
1876	Bau der Trinkhalle
1878	Bau des Badehauses Scuol mit 20 Kabinen; 1902 Erweiterung auf 40 Kabinen
1870/90	Bau verschiedener Hotels in Scuol und Vulpera
1912	Eröffnung des neuen Badehauses beim Kurhaus Tarasp
1928	Direkter Postautokurs Scuol – Landeck
1937	Eröffnung des Postautokurses St. Moritz – Scuol – Fernpaß – München
1948	Eröffnung des erweiterten Badehauses Scuol
1950/51	Erste Wintersportsaison mit Skischule, Eisplatz, Trinkkuren
1953	Gründung des Curling-Club Scuol-Tarasp-Vulpera
1955	Bau der Gondelbahn Scuol – Motta Naluns, Betriebsaufnahme 7. 2. 1956
1956	Umbau des Badehauses Scuol für Winterbetrieb, Eröffnung 24. 12.
1958	Bau des Skilifts Motta Naluns (2150–2400 m)
1962	Bau des Skilifts Mot da Ri (2200–2600 m), Eröffnung im Januar 1963
1965/67	Bau der Sportanlage Trü mit Freibad, Kunsteisbahnen, Hallenbad
1967	Eröffnung der Trinkhalle Sfondraz
1969	Bau des Skilifts Clünas (2220–2520 m), Eröffnung im Dezember
1971	Bau des Champatsch-Skilifts (2400–2800 m) und Skilifts Motta Naluns II
1971	Gründung der Regionalorganisation Pro Engiadina Bassa
1972	Betriebsaufnahme der neuen Gondelbahn Motta Naluns (17. 2.)
1973	Bau des Skilifts Mot da Ri II Gründung der Ersten alpinen Delta-Pilotenflugschule der Welt
1974	Eröffnung des Hallenbades Quadras in Scuol
1975	Bau und Eröffnung der 45-km-Langlaufloipe Scuol – Martina Gründung der Kanugesellschaft »Canuists d'Engiadina«
1978/79	Erster Dreierskilift der Schweiz wird auf Motta Naluns in Betrieb genommen
1979/80	Betrieb einer vollautomatischen Vier-Personen-Gondelbahn von Scuol zur Motta Naluns
1982	Bau des Skilifts Clünas II
1984	Gründung der Studiengruppe »Center da Cura«, die sich mit der Planung des neuen Kurzentrums befaßt
1985	Aufnahme der regelmäßigen Schlauchbootfahrten auf dem Inn für Gäste Durchführung des ersten Volkskirennens Champatsch Super-G auf der Traumpiste
1986	Eröffnung der neuen Tennisplätze und Clubhaus in Gurlaina Einführung des Winter-Campings in Gurlaina Das 21. Kantonale Gesangsfest findet in Scuol statt.
1987	Gründung des »Paragliding Club Engiadina Bassa« in Scuol
1988	Scuntrada Rumantscha in Scuol (Treffen der Rätoromanen zum Jubiläum 50 Jahre Nationalsprache)

Der Hauptplatz des Unterdorfes Sot von Scuol mit dem Joan-Marnia-Brunnen und Engadiner Museum (rechts). Hinten die Lischana-Gruppe. ▷

50

Platz in Sot, dem Unterdorf von Scuol. Dahinter die Pisoc-Gruppe.

Scuol mit Lischana-Gruppe in winterlicher Nachmittagssonne.

Blick vom Lischana-Gipfel auf Scuol und die Silvretta-Abdachung.

Blick talaufwärts mit Scuol, Vulpera (links oberhalb) und darüber Schloß Tarasp. Hinten Nuna-Gruppe. ▷

Oben: Scuol mit Lischana-Gruppe. Piz Ajüz, Piz Triazza, Piz Lischana und Piz San Jon (von links). Unten: Dorfplatz im Unterdorf von Scuol.

Schloß Tarasp

Ritterburg mit Liebesromanze – ohne Happy-End

In der Römerzeit ein Wachtturm. Auf seinen Ruinenresten entstand um 1040 die Burg Tarasp, unter Ulrich I., mailändischer Graf. Ritterburg bis 1173. Da starb die Ritter-Dynastie der Herren von Tarasp aus. Das Schloß ging als bischöfliches Lehen an die Herren von Reichenberg im Val Müstair (Münstertal). Dann waren die Vögte von Matsch im Vintschgau Besitzer (1239–1464). Zu ihnen gehörten dreizehn Sippen. Auch Graf Friedrich VII. von Toggenburg, dem das Schloß von 1422 bis 1436 gehörte. Dann war es im Besitz der Herzöge von Tirol (1464–1686). Sie waren an Tarasp offenbar nicht sehr interessiert, es verlor an Bedeutung, wurde einfache Festung mit kleiner Garnison. Von 1686 bis 1803 gehörte das Schloß den Fürsten von Dietrichstein in Nicolsburg (Mähren). Unter ihrer Herrschaft war das Schloß sehr baufällig geworden. Schließlich machte es Napoleon, der die Österreicher geschlagen hatte und über ihren mährischen Besitz im Engadin verfügen konnte, dem Kanton Graubünden zum »Geschenk«, das ohne viel Begeisterung aufgenommen wurde. Das gewaltige Bauwerk verfiel zusehends, alles tragbare Gut verschwand.

Landamann Marchi von Scuol erwarb es 1829 für ganze 250 Bündner Gulden (etwa 450 Fr.). Nationalrat Andreas von Planta wurde 1856 der nächste Eigentümer. Kommerzienrat Karl August Lingner, Odol-Fabrikant aus Dresden, kam 1900 als Kurgast nach Tarasp. Er war über das Unterengadin mit seinem herrlich gelegenen Schloß Tarasp so begeistert und beeindruckt, daß er das dem langsamen Verfall preisgegebene Schloß noch im gleichen Jahr für 20 000 Fr. kaufte. Lingner ließ das Schloß gründlich renovieren, mit kostbaren Einrichtungen ausstatten und nach modernen Gesichtspunkten wohnbar machen. Die zehnjährige Bauarbeit verschlang Millionen. Mit seiner Angebeteten wollte Karl August Lingner nach Vollendung der Arbeiten im Schloß leben. Aber zehn Tage vor dem Einweihungsfest – am 5. Juni 1916 – starb Karl August Lingner. Friedrich August III., letzter Sachsenkönig, sollte das Schloß erben. Aber er wollte es nicht. Man erzählt sich, daß Friedrich August III., ein Erzkatholik, einen Botschafter in Richtung Engadin geschickt habe, um das Erbe zu besichtigen. Der Botschafter lernte in Chur Reisende kennen, die das Engadin offenbar nur flüchtig kannten und berichteten, in diesem Tal lebten nur Ketzer, Reformierte, unter denen sich der Sachsenkönig unmöglich einen Besitz halten könne. Der Botschafter machte kehrt und berichtete seinem König, worauf er das Erbe abgelehnt habe – in Wirklichkeit lebten damals in Tarasp fast ausschließlich Katholiken reinsten Wassers. Aber das Schicksal hat zuweilen einen recht komplizierten Lauf – man stelle sich nur vor, mitten im romanischen Sprachgebiet Sächseln hören zu müssen!

Der Zweitbedachte, Großherzog Ernst Ludwig von Hessen, nahm das Legat an; sein Sohn Prinz Ludwig betreute bis zu seinem Tode (1968) den schönen Besitz, dem nun seine Witwe, Prinzessin Margaret von Hessen, vorsteht. Unter ihrer Schirmherrschaft wurde 1973 das »Kuratorium zur Erhaltung von Schloß und Region Tarasp« gegründet. Kuriosum: Das Schloß wurde erst 1974 unter Denkmalschutz gestellt.

Im Sommer werden täglich Führungen unternommen. Ein Schloßbesuch vermittelt einen außergewöhnlichen Kunstgenuß. Allein schon das Äußere des Schlosses ist eindrucksvoll. Seine Linien sind praktisch

Schloß Tarasp mit Tarasper See. ▷

unverändert, lediglich der Turm wurde unbedeutend erhöht. Prunkstück ist zweifellos die romanische Schloßkapelle aus dem Jahre 1040. Aber auch der Speisesaal (16. Jh.) und das Hauptmannszimmer mit ihren ungewöhnlich schönen Holztäfelungen zeugen von gediegener Einrichtung, die im Zuge der Renovierung aus Tirol und Graubünden zusammengetragen worden war.

Tarasp kommt übrigens von »terra aspera« und heißt übersetzt »Rauhland« oder rauher, karger Boden, was auf das schöne Fleckchen Tarasp nicht zutrifft – besonders dann nicht, wenn man es lieben lernte.

Wanderweg von der Bergstation Motta Naluns nach Prui oberhalb Ftan mit dem grandiosen Ausblick auf die Engadiner Dolomiten.

◁ *Schloß Tarasp, links Funtana, vorne Sparsels.*

Alle reden übers Wetter

Nicht im Engadin!

»Alpensüdseite und Engadin: teilweise stark bewölkt, strichweise Niederschläge«, heißt es oft im Wetterbericht von Radio Schweiz. Am nächsten Tag strahlender Sonnenschein im Unterengadin, kein Tröpfchen Regen, nicht einmal Wolken. Wolken sieht man über der Silvretta, oben in der Flüelapaßgegend, unten bei Martina. Immer wieder und wieder kann man im Unterengadin die gleichen Beobachtungen machen. Fragt man die Einheimischen, hört man nur: »Ja, ja, das Unterengadin ist sonnig«, mehr nicht. Manchen Bauern ist es zu sonnig. Sie müssen sich immer wieder um künstlichen Regen bemühen. Ich schrieb einen Brief an die »Schweizerische Meteorologische Zentralanstalt« in Zürich, um über dieses Wetterphänomen Aufklärung zu bekommen. In der Antwort heißt es: »Ihre Feststellungen über die Sonderstellung des Unterengadin sind zutreffend. Der Grund liegt darin, daß das Unterengadin der westliche Ausläufer der inneralpinen Trockenzone der Ostalpen darstellt... Es herrscht ausgeprägte Wintertrockenheit, und auch die Hochsommermonate sind begünstigt; der Frühling und besonders der Herbst sind jedoch etwas niederschlagsreicher... Gewitter sind selten, ebenso Starkregen (Gußregen).« Diese inneralpine Klimaprovinz, die also noch in das Unterengadin und gegen den Ofenpaß hin reicht, nicht mehr aber ins Oberengadin, ist meteorologisch beschrieben worden. Und zwar im Führer »Durch den Schweizer Nationalpark«.

Im Raum Ofenpaß – Scuol – Martina – Susch kann man sich der höchsten Sonnenscheinerwartung der gesamten Schweiz erfreuen, vielleicht sogar der ganzen Alpen. Das weiß man in den Bergen sehr bald zu schätzen. Aber ich gab mich mit den Erklärungen der Zürcher Wettermacher keineswegs zufrieden. Denn das etwa 8 mal 20 km große Schönwetterloch über dem Großraum Scuol entsteht nicht nur durch die »inneralpine Trockenzone der Ostalpen«, zu der ja auch der Vinschgau und das oberste Tiroler Inntal gehören – und dort schaut es bei gleicher Wetterlage durchwegs finsterer aus. Erst nach eingehendem Studium der topografischen Verhältnisse wurde mir einiges klar: Das Nordatlantik-Wetter fällt auch hier von Nordwesten ein. Und wenn starke Tiefausläufer doch noch die Hochgebirgsbarriere der Silvretta mit Piz Linard (3411 m) schaffen, dann werden sie spätestens durch die drei mächtigen Höhenrücken der nördlichen Inn-Seitentäler nach Süden ins Oberengadin abgelenkt. Tiefs aus östlichen Richtungen sind höchst selten. Bleiben nur noch die Mittelmeertiefs, die durch drei gewaltige (Ost-West-) Hochgebirgsketten abgehalten bzw. abgeschwächt werden: Bergamasker, Bernina- und Rätische Alpen. Und ich bin sicher, daß einer der Zürcher Meteorologen zum gleichen Schluß käme, hätte er das Vergnügen, längere Zeit im Unterengadin zu leben. Clà Biert, Sekundarlehrer, Erzähler und Erneuerer des Prosastils im rätoromanischen Sprachkreis, ein Sohn von Scuol, der gründlich und wie nur wenige der heutigen Zeit über seine Heimat nachgedacht hat, machte gleiche Beobachtungen. Prof. Hans Brunner, Chur, schrieb in einer Abhandlung über das Unterengadin-Klima: »Die Niederschlagsarmut und der Temperaturgang stempeln das Gebiet von Susch bis zur Landesgrenze zu einer selbständigen kleinen Klimaprovinz.« Zu dieser klimatischen Vorrangstellung gehört auch geringe Windbewegung: 85 Prozent Windstille, wie das Jahresmittel nach einer Beobachtungszeit von zwei Jahrzehnten ergab. Und schließlich das fast völlige Fehlen von Nebel: 1,4 Nebeltage jährlich, während die Täler und Orte der Alpen-Nordseite bei gleicher Höhe fünfzig und mehr Tage im Nebel stecken (in Hallstatt, Land Salzburg, werden jährlich durchschnittlich 107 Nebeltage registriert). Die jahresdurchschnittliche Niederschlagsmenge im Unterengadin beträgt in Susch 76 cm, Scuol 65 cm, Ramosch 63 cm, Martina 64 cm (vergleiche: Innsbruck 87 cm, München 90 cm, am Alpen-Nordrand über 120 cm, in den Tälern von Berchtesgaden und Oberstdorf 200 bis 250 cm und mehr).

Natürlich haben ausgesprochene Schönwetter-Gegenden meist den Nachteil, daß es im Winter keinen oder zu wenig Schnee gibt. Aber das Unterengadin ist ein totales Wetterkuriosum: Im Ski-Eldorado Scuol/Ftan gibt es immer genug Schnee von Anfang Dezember bis Ende März, oft auch bis Ende April. In schneearmen Wintern sah man ganze Autokolonnen von den berühmten Skiorten des Oberengadins nach Scuol fahren (weil es auf den Alpwiesen von Scuol/Ftan nur wenig Schnee braucht für den Skispaß). Der Schnee kommt im Unterengadin meist schon im Spätherbst, wenn den Feriengast das Wetter längst nicht mehr interessiert. Im Unterengadin liefert das Wetter keinen ausgedehnten Gesprächsstoff.

Schalensteine

Zeugen der Vergangenheit

Bei diesen Überlieferungen des Steinkultes aus heidnischer Zeit handelt es sich ganz allgemein um glatte, einzelne Steinplatten oder Steinblöcke von 2–10 m² Fläche, meistens isoliert daliegend, auf denen sich kleine, 10–50 mm im Durchmesser und 10–20 mm tiefe, kreisrunde Löcher befinden, die meistens entweder mit kleinen Rillen verbunden oder dann auch von allerlei anderen, oft unverständlichen Zeichen umgeben sind. Schalensteine werden im ganzen Alpenraum zu Hunderten entdeckt. Sie werden immer noch vielerorts mit uralten Bräuchen und religiösem Kult in Zusammenhang gebracht.

In unserer näheren Umgebung befinden sich gleich drei solcher Stellen: in Sgnè (unterhalb des Schlosses Tarasp) in der Mulde zwischen Pt. 1408 und 1442, in der Nähe des Plan Cusner (kleine Waldlichtung zwischen Vulpera und Avrona), rund 50 m NO von Pt. 1374,1 und in San Martaila (auf der Straße von Ardez nach Guarda), rund 100 m W von Pt. 1570 (Landeskarte der Schweiz 1:25 000, Blatt 1198).

Die etymologische Deutung der Namen Sgnè und San Martaila spricht für sich und beweist, daß diese Orte auch noch in christlicher Zeit ihre besondere Anziehungskraft beibehielten: Sgnè stammt von Signum (signiert, gezeichnet), San Martaila stammt vom Märtirium (Märtyrer, Blutzeuge, Opfertod). Die Einheimischen nennen beide Orte auch »Plattas da las strias« (Hexenplatten), weil früher auf diesen Steinen die »Hexen« kleine Feuer angezündet und darum herum getanzt seien. Sowohl der heidnische Steinkultus wie auch der Wasser-, Feuer- und Baumkultus sind jahrelang unverständlich und irgendwie unheimlich geblieben, aber allmählich glaubt man doch noch zögernd ihren eigentlichen Sinngehalt erfassen zu können.

Wenn man sich beim Betrachten dieser prähistorischen Schalen- und Zeichensteine für einige Augenblicke, ähnlich dem Meditieren, von der Außenwelt loslösen kann, wird man irgendwie geheimnisvoll ergriffen. Kennt man sich dazu noch in den Deutungen dieser uralten heidnischen Opfersteine ein wenig aus, kann man sie sogar zum Sprechen bringen und ihnen einiges ablauschen, trotzdem sie seit Jahrtausenden stumm und trotzig spätere Kulturepochen überlebt haben. Sie sind wertvolle Dokumente des Glaubens und Handelns früherer Völker, deren Herkunft und Namen nur vermutet werden können. Die Prähistoriker haben sich in vielen Deutungen versucht, ob ihre Annahmen aber auch später noch Gültigkeit haben werden, ist eine andere Frage. So nimmt man heute an, daß die Schalen und deren Verbindungen entweder zur Aufnahme des Opferblutes mit gleichzeitiger Deutung der Zukunft in den Sternen dienten oder zur Aufnahme von Harz oder Öl als Feueropfer für heidnische Gottheiten Verwendung fanden, wie dies noch allgemein bei der Totenwache mit Butterlichtern gemacht wird.

Dr. med. Domenic (Men) Gaudenz, Scuol, hat die Schalensteine von Sgnè 1948 genau beschrieben. Er erwähnt dabei einen 3,5 m langen und 2 m breiten Stein, auf dem 200 Schalen mit einem durchschnittlich ca. 5 cm großen Durchmesser zu finden sind. Siebenmal sind vier davon und dreimal sechs davon mit Rillen zu einem Kreis verbunden. Dazu kommen noch sieben andere Zeichnungen, z. B. eine Figur, die einem Menschen ähnlich sieht und in Richtung zu fünf Quadraten weist. Dr. Gaudenz glaubt darin eine Art Wegweiser zu fünf Unterkünften oder Siedlungen zu sehen und dürfte dabei gar nicht so unrecht haben. Am interessantesten sind aber wohl die auch in Sgnè zu findenden rosettenartig angeordneten Rillen, die

62

Hexensteine in Sgnè (unterhalb Florins-Tarasp); ähnliche Schalensteine findet man auch zwischen Ardez und Bos-cha.

nach Dr. Christian Caminada, Bischof zu Chur, die Strahlen der Sonne andeuten dürften, in denen Opferflammen zur Ehrung der Sonne an der Sonnenwende entzündet wurden. Nach Dr. Gaudenz könnte diese Zeichnung aber auch eine Art Sonnenuhr darstellen. Entsprechende Versuche mit einem Stab brachten jedenfalls überzeugende Beobachtungen.
Übrigens kann man sich wohl auch mit Recht fragen, ob den verschiedensten Zeichen und Anordnungen der Schalen nicht schon bei deren Entstehung – je nach Gegend – eine ungleiche Bedeutung beigemessen wurde. Welchen Sinn und welche Bedeutung die Schalen- und Zeichensteine auch immer gehabt haben mögen – wir werden es nicht mehr ergründen können. Die dargelegten Beobachtungen und Vermutungen sollen dem Wanderer, der an diesen Stätten aus dunkler Vergangenheit haltmacht, Anregung sein für eigene Gedanken.

Das Engadiner Haus

Bauernpaläste, Sgraffito, Sulèr, Erker

Das Engadiner Haus ist eine der originellsten architektonischen Schöpfungen Graubündens. Wohnhaus, Scheune und Stall sind unter einem Dach vereint. Das mächtige Portal führt in den Sulèr, einen großen Vorraum, an dessen Längsseite die getäfelte Stube (stüva), die gewölbte Küche (chadafö) sowie die ebenfalls meist gewölbte Speise- und Vorratskammer (chaminada) angeordnet sind. Über eine Steintreppe kommt man ins Ober- und Untergeschoß. Durch den Sulèr fahren die beladenen Heuwagen in den tablà (Scheune); der Viehstall hat zwei Zugänge und liegt unter der Scheune. Über eine schmale Treppe, durch eine Falltüre (falla), gelangt man von der Bauernstube ins Elternschlafzimmer, in die obere Stube (stüva sura). Diese Treppe ist im charakteristischen Eck-Stubenofen eingebaut. Der Aufgang ist durch eine schmale Tür als Schrank und im oberen Teil durch schöne Holzumrandungen verkleidet. Der Stubenofen wird aus der anschließenden Küche mit Holz beheizt, der Rauch zieht nicht direkt, sondern durch Küche und ihren Kamin ab; auch eine Durchreiche für die Speisen ist daneben. Darüber sind niedrige Kammern wie imposante Kisten im »Holzstrick« (meist Zirbelkiefer) aufgebaut. Schon in früher Zeit wurde das Engadiner Haus dekoriert, auch wenn nur einfache Mittel zur Verfügung standen. Besonders typisch, vermutlich aus dem Italienischen stammend, die Sgraffito-Technik, die von der Mitte des 16. Jh. bis Ende des 18. Jh. sehr verbreitet war. Sgraffito: An die roh verputzte Hausmauer wird feiner Kalkputz aufgebracht, verteilt, angedrückt, geglättet. Eine glatte, leicht gewellte Fläche entsteht, sehr wetterfest. Dicke Kalkmilch kommt auf den frischen Putz. Dann werden aus der hellen Fläche die verschiedenen Ornamente herausgekratzt. Es entsteht ein sehr harmonischer Zusammenklang durch die dezenten Farben ohne großen Kontrast.
Soviel für den flüchtigen Betrachter über das Engadiner Haus. Wer länger im Tal weilt, wird mehr wissen wollen. Und je länger man sich mit ihm beschäftigt, um so faszinierender empfindet man diesen ungewöhnlichen Haustyp, der eine lange Geschichte und vielseitige Entwicklung hinter sich hat.

Der Einfluß aus dem Süden

Die landwirtschaftliche Kargheit des Tales zwang vor einem halben Jahrhundert viele Engadiner ins Ausland, um Arbeit und Brot zu finden. Ihre geschichtliche Vergangenheit und ihr Temperament verbanden sie vor allem mit dem Süden, mit den Bereichen Norditaliens. Und Baukundler wie Jachen Ulrich Könz, Guarda, und Andri Peer, Lavin-Winterthur, sind sich einig über den norditalienischen Einfluß auf das ursprüngliche Engadiner Haus, wie man es bis etwa 1500 kannte. Bestand das norditalienische Casolare aus einem unbekümmert an den Urbau angeschachtelten Winkelwerk, dem mehrere hinzugebaute Hauselemente angehörten, so entwickelte sich nach dem gleichen Additionsprinzip das Engadiner Haus. Aber immer mit dem Bestreben, alles in ein geordnetes Ganzes zu bringen, den gesamten Hofbereich unter ein Dach zu stellen. Diese Entwicklung brachte das geschlossene Engadiner Haus mit seinen klaren Linien, seiner fast stereotypen Inneneinteilung. Sogar der Misthaufen ist überdacht.
Fast alle Dörfer des Tales erlebten große Brände und Zerstörungen im Rahmen des Schwabenkrieges

Bauernpalast mit typischer Sgraffito-Arbeit in Ardez. ▷

SULÈR

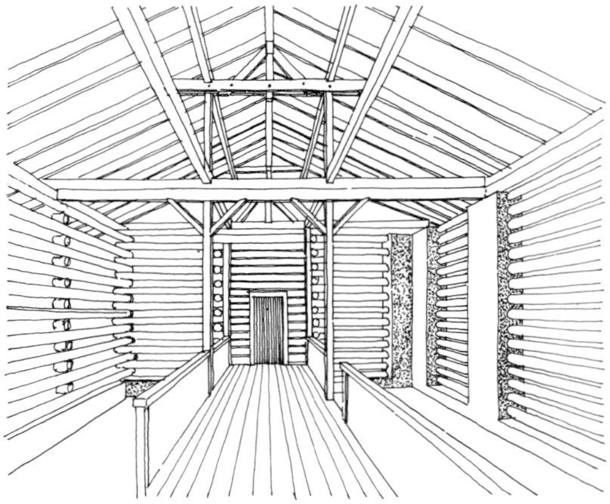

TABLÀ

STÜVA

CHADAFÖ

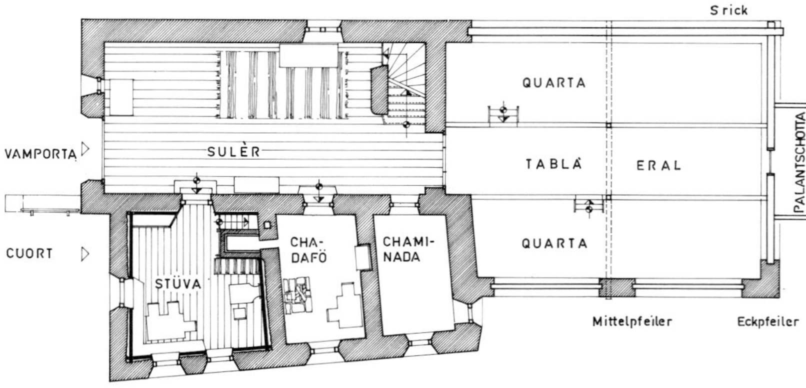

GRUNDRISS EINES ENGADINERHAUSES

Oben: Grundriß des Engadiner Hauses mit seinen wichtigsten Elementen; man vergleiche die Einteilung und Details mit dem Haupttext auf Seite 67.

(1499) und des Dreißigjährigen Krieges (1618–1648). Die Epoche des Wiederaufbaus brachte den typischen Grundriß, wie ihn jedes Engadiner Haus ab dem 17. Jahrhundert besitzt. Der Grund zu dieser exakten, oft verblüffenden Einheitlichkeit liegt zweifellos auch im Bausystem, das fast überall mit Gemeinschaftsarbeit – dem Gmeinwerch – verbunden war: Die ganze Dorfgemeinschaft half mit. Daß nach den vielen Schreckensjahren in den Dörfern Einigkeit und Zusammenhalt mehr denn je herrschten, ist einleuchtend. Und wo wäre man da hingekommen, wenn der eine oder andere Bauherr in Sachen Grundriß und sonstiger Form besondere Extrawürste hätte haben wollen?

Von der Cuort in den Palantschin

Das Untergeschoß – meist durch einen niederen, gewölbten Eingang direkt von der Straße auf einer Steilrampe zugänglich – besteht in der Regel aus einer rechteckigen Cuort, in der sich die Mistlege und Gerätschaft befinden; Cuort bedeutet soviel wie Hof, und in einem so kleinen Hof kann man den Mist nicht einfach auf einen »Haufen« werfen, selbst er bedarf einer Ordnung, er wird gelegt (= Mistlege). Während die Cuort vom Boden des Sulèr abgedeckt ist – gewölbt und aus Bruchsteinen erstellt –, befinden sich die beiden Keller unterhalb der Wohn- und Wirtschaftsräume. Durch die Cuort erreicht man nach hinten den Stall (stalla). Er befindet sich fast immer auf der sonnigsten Seite des Hauses. Denn als es noch keine moderne Beheizungstechnik gab, mußte man um Wärme fürs Vieh bedacht sein (der Mensch wußte sich zu helfen). Aus der Cuort gelangt man über eine Treppe in den Sulèr, von der Straße durch den gewölbten Eingang sogar für Pferdefuhrwerke erreichbar; er bildet die Durchfahrt in die Scheune mit Eral (Scheunengang) und Quartas (seitliche Heulager). Sulèr kommt von Solarium (lat.), solaio (ital.), solier (franz.) und Söller (dt.). Nun nehmen wir den Söller (Balkon) von der Außenseite des Hauses nach innen, schon haben wir den klassischen Sulèr, wie man ihn heute fast nicht mehr kennt. In Scuol meines Wissens nur noch in der Chasa Döss, einer Dependance des Hotels Guardaval (legen Sie bei der Familie Regi ein gutes Wort ein, um dieses Wunderwerk von Sulèr besichtigen zu dürfen!). Der Balkon (Holzlaube oder -galerie) vermittelte den Zugang in die oberen Räumlichkeiten. Im Unterengadin (zwischen Scuol und Martina), Oberhalbstein und Val Müstair nennt man den Sulèr vielfach auch Piertan (lat. Porticus). Gleich rechts des Eingangs die Stüva (Stube), deren Boden fast immer höher ist als die übrige Erdgeschoß-Ebene; man gelangt in sie über zwei oder drei Treppen. Grund dieser Eigenart: In früheren Zeiten – sie lassen sich nicht mehr bestimmen – wurde die Stüva als Blockbau aus »gewetteten« Balken zusammengefügt und nachträglich als gemütlicheres Wohnelement in den kalten Steinbau eingefügt (ähnlich wie Fertigsaunas, die in Kellerräume eingebaut werden). Die konsequente Fortführung dieser Bautradition zeugt von außergewöhnlicher Bodenständigkeit der Engadiner. Die zweite Tür in der rechten Sulèrwand führt in die chadafö (Küche). Sie hat nur mit einer Durchreiche (fanestra d'spaisa) Verbindung zur Stüva, obschon die Küche höchst selten als Wohnküche diente. Denn wenn von ihr aus der Stubenofen beheizt wurde, qualmte es in der Küche, da der Stubenofen keinen eigenen Kamin hatte. Die gewölbte Küche hatte auch keinen Rauchfang (Rauchklappe), wie man ihn in anderen alpenländischen Bauernhäusern kennt, sondern nur ein gewölbtes Loch in der Decke, an der die Fleischvorräte zum Räuchern hingen. In der Urform des Engadiner Hauses befand sich über der Küche nur das Schindel- oder Steinplatten-Dach, durch das der Rauch abziehen konnte; fast das gleiche Haus wird heute noch von den Sherpas im Solu-Khumbu-Gebiet des Nepal-Himalaja bewohnt.
Die dritte Sulèrtür führte in die chaminada (auch chamineda, Speisekammer), die oft direkt auch mit der Küche oder nur mit ihr verbunden ist; massiv gemauert, gewölbt. Aus dem Sulèr führt eine Treppe ins Obergeschoß, dessen Boden Palantschin genannt wird. Früher befand sich hier oft nur eine Schlafkammer, die stüva sura (obere Stube), ähnlich hergestellt wie der Blockbau der Wohnstube. Der direkte Aufgang, hinterm gemauerten oder gekachelten Ofen, über die meist senkrechte Leiter, ist die Verwirklichung einer raffinierten Idee. Man mußte im Winter nicht erst in den kalten Sulèr, um ins Bett zu kommen. Außerdem konnte man die falla (Falltüre) offenlassen, um auch in der Schlafkammer von der wohligen Stubenwärme etwas abzubekommen (die Kleider ließ man meist in Ofennähe).

Links: Typische Engadiner Dorfgasse mit den tiefgelegenen Eingängen in die Cuort und dem darüberliegenden Sulèr.

Oben: Innenansicht eines gewölbten Sulèrs, durch den die Pferdewagen fahren; hinten der Haupteingang, links der erhöhte Zugang in die Stüva.

War früher der Palantschin ein beliebter Tummelplatz für Kinder, so ist er heute in fast jedem Haus in weitere Räume eingeteilt und ausgebaut worden (Fremdenverkehr). Bleibt hier nur noch ein Wort für die Scheune. Sie bestand früher aus Rundholz-Strick (»aufgetrolet«). Die Eckverbindungen waren am stärksten der Witterung ausgesetzt, wurden also schneller morsch als die Balken selbst. Um nicht den ganzen Heustall erneuern zu müssen, wurden die Balkenköpfe abgeschnitten und durch schützende Mauerpfeiler ersetzt. Später wurden die Eckpfeiler massiger, so daß für den Holzteil auch schon genutete Riegel und Bretter ausreichten; mehr und mehr wurden die Holzelemente auch mit Verzierungen versehen.

Schmuck und anderes

Das Buch über den Schmuck des Engadiner Hauses muß erst noch geschrieben werden. Hier wäre es ein hoffnungsloses Unterfangen, auf die tausenderlei Ornamente, Wappen, Sprüche und auf die verschiedenen Techniken einzugehen, obschon Sgraffito immer

Links: Front eines Engadiner Hauses mit den wichtigsten Merkmalen, wie sie allerdings nie so kompakt nebeneinander zu sehen sind: Erker, herausragender Backofen (oben), gewölbte Eingänge in die Cuort und in den Sulèr (rechts).

Rechts: Herrschaftliches Engadiner Haus mit typischem Senter Giebel.

Innenansicht einer Engadiner Arvenstube.

noch dominiert. Rosetten, verschiedenste Zeichen, bunte Wappen, Kreuze, Steinbock und anderes Getier sind beliebte Motive. Ein Spruch in Guarda gefällt mir besonders gut:

No fabrichain sü bellas chà,
e savain da nu star in eternità.
Mo il lö inua saimper giain a star,
Sün quel ans impissain dirar.

Wir bauen schöne Häuser
und wissen, daß wir nicht ewig drin wohnen können.
Doch des Ortes, wo wir immer wohnen werden,
gedenken wir nur selten.

Ungewöhnlich interessant ist die gruppierte Anordnung des Engadiner Hauses: Kulissenartig ist es um den Dorfplatz aufgereiht, um den Brunnen, der den Mittelpunkt des Dorfgeschehens darstellte. Fast jedes Haus hat irgendwo ein Fenster und oft auch nur einen schießschartenähnlichen Sehschlitz, um das Geschehen am Brunnen beobachten zu können (die Sehschlitze haben den Vorteil, als Beobachter nicht gesehen zu werden). Und wenn es der ursprüngliche Grundriß nicht zuließ, einen freien Blick zum Brunnen zu genießen, wurde mit einem vorspringenden Pfeiler oder einem herausragenden Erker nachgeholfen. Die Sicht zum Brunnen war so wichtig wie heute die Tagesschau.

Berge und Täler

Ein unvollständiger Überblick

Es ist nicht möglich, hier auch nur einen unvollständigen Überblick geben zu wollen. Immer würden Lükken offen bleiben. Denn auch nur einen Teil der Berge und Seitentäler des Unterengadins kennenzulernen und zu erleben, bedarf vieler Sommer. Begnügen wir uns mit sechs Kurzfassungen. Jedes dieser sechs Hauptgebiete bedarf gründlichen Studiums der jeweiligen Führerwerke und Karten.

Schweizer Nationalpark

Er ist einmalig und ein Bestandteil des Unterengadins. Die Gründung dieses großartigen Naturparks geht auf das Jahr 1909 zurück. Zug um Zug konnten neue Gebiete einverleibt werden. Heute umfaßt er eine Fläche von etwa 175 km^2. Ein Werk, das man der Schweiz nicht hoch genug anrechnen kann. Unsere Nachfahren werden wenigstens hier einmal sehen und erleben können, wie die Alpenwelt aussah. Denn im Nationalpark wird alles seiner Ursprünglichkeit überlassen. Allein im Blockhaus Cluozza (bewirtschaftet) kann man nächtigen. Die Parkordnung ist streng: »Der Nationalpark darf nur auf den bezeichneten, im Gelände markierten Wegen und Routen begangen werden. Personen unter 15 Jahren dürfen den Park nur in Begleitung von Erwachsenen betreten. Schulen und Gruppen von Jugendlichen zwischen 15 und 20 Jahren ist der Zutritt zum Park nur unter Führung eines verantwortlichen Leiters gestattet. Gesellschaften von mehr als 20 Personen und Schulen haben sich rechtzeitig bei den Aufsichtsorganen des Parkes anzumelden. Die Ausübung der Jagd und der Fischerei auf dem Gebiete des Nationalparks ist verboten. Es ist verboten, Feuer zu machen, zu biwakieren, Abfälle und dergleichen liegen zu lassen oder wegzuwerfen; Tiere jeder Art zu töten, zu verletzen oder zu fangen sowie durch Lärmen, Schreien, Steinrollen usw. zu beunruhigen; Niststätten, Eier oder Bruten wegzunehmen oder zu beschädigen, Pflanzen und Pilze auszugraben, auszureißen oder zu beschädigen, insbesondere Blumen zu pflücken, Beeren zu lesen, Holz zu schlagen oder zu sammeln; Vieh weiden zu lassen; Waffen, Fanggeräte, Botanisierbüchsen oder Pflanzenpressen mitzunehmen; Hunde (auch an der Leine) mitzuführen; gewerbliche Filmaufnahmen zu machen.« (Auszug) Wer diese Parkordnung nicht beachtet, muß mit hohen Strafen rechnen. Traurig genug, daß solche Ordnungen überhaupt festgelegt werden müssen und nicht für jeden Besucher in jedem Naturgebiet absolute Selbstverständlichkeit sind. Höchster Berg des Nationalparks ist der Piz Quattervals (3154 m, »Berg der vier Täler«); ihn darf man sogar auf einem markierten Weg besteigen, vier Stunden von der Cluozza-Hütte aus. Daß man auf allen Parkwegen eine außergewöhnliche Flora und Vegetation bewundern kann, versteht sich von selbst. Es gibt ausführliche Beschreibungen für botanische und geologische Exkursionen. Bei der Wildbeobachtung tut man sich im Nationalpark verständlicherweise etwas hart, denn man muß sich nun einmal an die markierten Wege halten. Und dem Wild sind diese Wege auch schon lange geläufig. Doch hinsichtlich Wild – Hirsch, Reh, Gemse und Steinbock – sind die ganzen übrigen Engadiner Dolomiten bzw. Rätische Alpen eine Art Park. Wer den Schweizer Nationalpark besuchen und ihn gründlich kennenlernen will, wird sich den offiziellen Führer besorgen: »Durch den Schweizer Nationalpark, Ein wissenschaftlicher Führer«, herausgegeben von der

Blick ins Val Tasna, das zwischen Ardez und Ftan ins Unterengadin mündet. Hinten Jam-Spitzen, Piz Urschai und Augstenberg (von links).

Kommission für die wissenschaftliche Erforschung des Nationalparks, 258 Seiten mit zahlreichen Abbildungen, Tabellen, einer tektonischen Übersicht in Farbe und einer vorzüglichen Karte des ganzen Gebietes im Maßstab 1:50000 (Spezialblatt der Schweizerischen Landeskarte, separat nicht erhältlich). Hauptwerke ist das große Buch »Der Schweizerische Nationalpark« von Robert Schloeth mit 224 Seiten und zahlreichen Farbtafeln. Wer es nicht bis ins letzte Detail genau wissen will, kommt auch mit dem »Kleinen Führer durch den Schweizerischen Nationalpark« aus: 28 Kunstdruckseiten, gut illustriert, mit einer Panoramakarte und einer topografischen Karte im Maßstab 1:100000. Anmeldungen und Informationen: Nationalpark-Haus. CH-7530 Zernez, Telefon-Nr.: 082-81378.

Engadiner Dolomiten

Es sind die Berge, Pässe und Täler der Münstertaler Alpen rechts des Inns. Eine Vielzahl von Gruppen und Gebieten, zu denen auch der Nationalpark gehört. Uns aber interessieren vorwiegend die Hauptgruppen, deren nördliche Ausläufer direkt im Unterengadin, im Tal des Inns, fußen (von West nach Ost = talauswärts): Nunagruppe mit dem Piz Nuna (3124 m) als Hauptgipfel und der einsamen Seenhochplatte Macun. Keine Klubhütte; nur Alphütten sind in den drei Hochtälern vorhanden.
Plavna-Gruppe mit Piz Plavna Dadaint (3166 m) als Hauptgipfel. Wilde und steile Hochtäler, interessante Erschließungsmöglichkeiten. Aber auch hier keine Hütte.

Val Tuoi gegen Norden zu den beiden Buinen. Links davon der Piz Fliana mit seinen Vorgipfeln. ▷

Pisoc-Gruppe mit Piz Pisoc (3174 m) als Hauptgipfel. Von Nord nach Süd verläuft über den Hauptkamm die Nationalpark-Grenze, so daß die Pisoc-Ostabstürze immer jungfräulich bleiben werden (soweit sie nicht schon vor der Nationalpark-Gründung begangen wurden). Keine Hütte. Nur Alphütten im Val Plavna.

Lischana-Gruppe mit Piz Lischana (3105 m) als Hauptgipfel. Herrliche Besteigungsmöglichkeiten, zwei Hütten (siehe Beschreibung Seite 96). Nördlichste Gruppe ist die des Piz S-chalambert-Dadaint (3030 m), bergsteigerisch ziemlich uninteressant. Wer im allgemeinen Lamento über die vollkommen übererschlossenen Alpen mittönt, der besuche die Gruppen der Engadiner Dolomiten. Dort wird er bald eines anderen belehrt. Dort wird er schon nach einigen Bergtagen den Wunsch verspüren, endlich wieder einem Menschen zu begegnen.

Die »Engadiner Dolomiten« gehören zu den Münstertaler Alpen und sind im Band IX des SAC-Führers »Engiadina Bassa – Val Müstair« bestens beschrieben; neu herausgegeben 1986.

Karten: Landeskarten der Schweiz, Blatt »Flüelapaß« (Nr. 39), 1:100000, als erstklassige Übersichtskarte, auf der auch noch die gesamte Silvrettagruppe erfaßt ist; dazu die »Wanderkarte mit Skirouten und Loipen Unterengadin – Samnaun – Nationalpark – Val Müstair« 1:50000 mit einem ausführlichen Literatur-, Führer- und Kartenverzeichnis (Kümmerly + Frey, Bern 1987).

Val S-charl

Über das 25 km lang Val S-charl (sprich »ch« wie ital. ci = ciao) südlich von Scuol sollte man besser kein Wort verlieren. Es ist ein traumhaft schöner Erdenwinkel, ein alpines Kleinod, auch für die Leute des Unterengadins ein geliebter Platz der Ruhe, Schönheit und Ursprünglichkeit. Das Val S-charl ist ein rechtes Seitental des Inns und hat im Paß da Costainas (2251 m) – Übergang aus dem Val Müstair und Ofenpaß-Gebiet – seinen Ursprung. Westlich die Pisoc-Gruppe mit Nationalpark, östlich die Lischana-Gruppe und weiter im Süden die teilweise vergletscherte Sesvenna-Gruppe. Linke Seitentäler sind Val Schombrina, Val Tavrü und Val Mingèr, rechts Valbella, Val Plazer, Val Sesvenna, Val dal Poch, Val da las Tschüchas, Val Pradatsch und Val Trigl. Etwa 13 km südlich von Scuol liegt das kleine Dörfchen S-charl (1810 m), das vor nicht allzulanger Zeit eine bedeutende Rolle spielte und als ganzjährige Siedlung bewohnt war, heute jedoch nur noch ein Sommerdorf ist (Busverbindung von Scuol). Nordöstlich von S-charl die Alp-Sesvenna im gleichnamigen Tal, wo weiter oben, im Gebiet des Piz Cristanas, eine reiche Steinbockkolonie beheimatet ist. Ganz hinten im Val S-charl schließlich der einmalige Tamangurwald, höchster Arvenwald der Alpen (bis 2380 m).

Das Val S-charl hat eine lange und reiche Geschichte. Bereits 1095/96 ist es in der Schenkungsurkunde der Herren von Tarasp an das Kloster in Scuol erwähnt: »alpem in Asta et alpem in Scharles«. Und 1164–1167 wird der bischöflichen Kirche zu Chur von einem »beneficium in Scharles« berichtet. Bis zum späten Mittelalter herrschten auf den Großvieh- und Schafalpen die Vögte von Matsch und die Herren von Remüs sowie die Klöster Marienberg und Müstair. Dann machten sich hier die Tiroler Landesfürsten breit. Sie verfügten auch über die Bergwerke »mineram sen argenti fodinam in valle dicta Scharl«, die in den Jahren 1317 und 1356 an die Familie Planta und 1459 an Bischof Ortlieb von Brandis verpachtet wurden. Unter immer wieder wechselnden Besitzern oder Pächtern wurde der Silber- und Bleibergbau, von einigen Unterbrechungen abgesehen, bis 1874 betrieben, aber die Blütezeit lag gleichwohl im 16. Jahrhundert. Die Erzgruben befanden sich am Mot Madlain und Piz Cornet sowie in den Tälern Sesvenna, Mingèr, Foraz und Tavrü. Drei Schmelzhütten gab es in S-charl und seiner Umgebung.

Das S-charler Kirchlein geht vermutlich auf das 11. oder 12. Jahrhundert zurück, es hatte um 1520 sogar einen eigenen Kaplan. Aber es gab keinen Friedhof, die Toten wurden in Scuol bestattet. Und die S-charler mußten nach einem alten Gesetz bis 1738 an Ostern und Pfingsten in der Kirche zu Scuol zu einem Abendmahl erscheinen, und zwar geschlossen. Wer nicht kam, hatte sechs Kronen Buße zu zahlen. Erst ab 1738 durfte jede Familie ein Mitglied als Aufsicht zurücklassen. Schließlich bekamen die S-charler 1734 auch noch das Recht, einen eigenen Friedhof anzulegen und in ihrer kleinen Kirche Trauungen vorzunehmen. Ab Mitte des 18. Jahrhunderts wurde S-charl

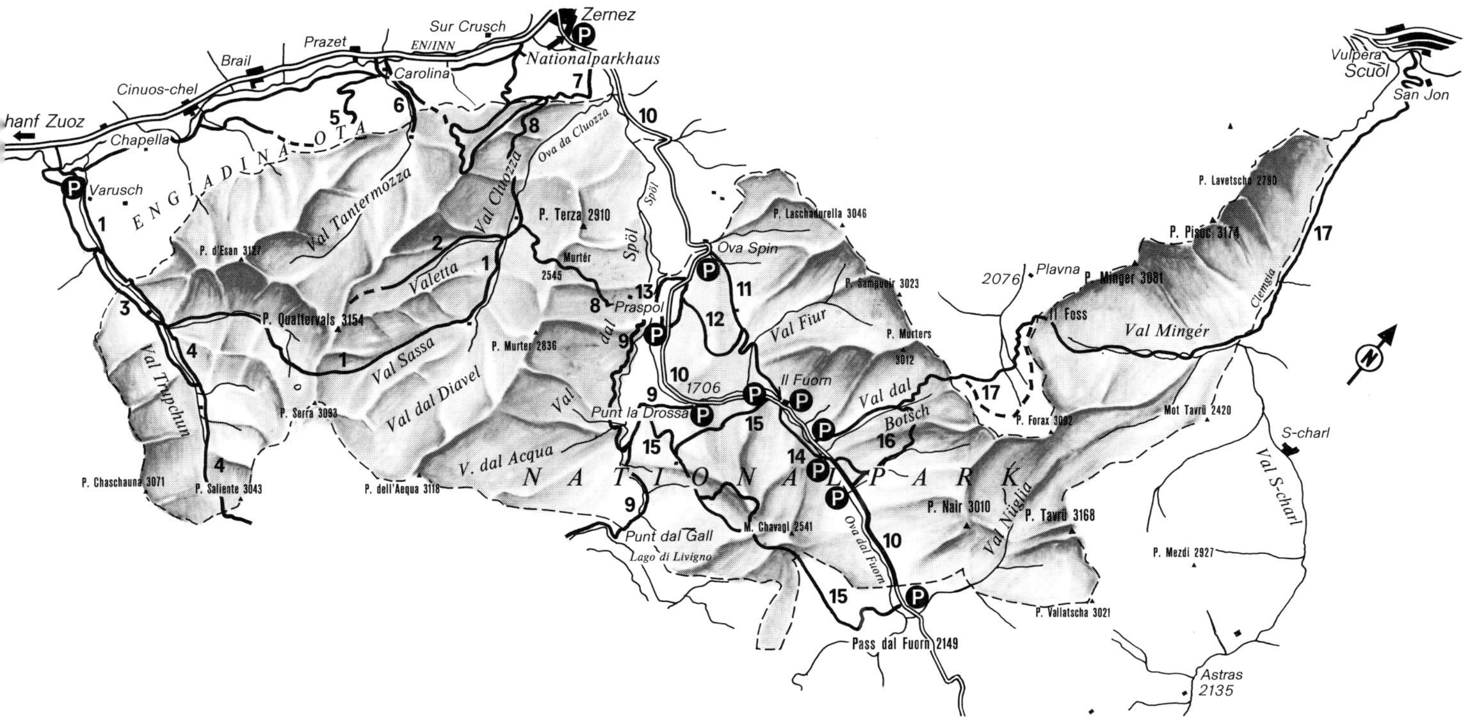

WANDERUNGEN IM NATIONALPARK

1. S-chanf–Cluozza 8 Std.
2. Cluozza–Quattervals 5 Std.
3. S-chanf–Trupchun 3 Std.
4. Purchèr–F. Trupchun 3 Std.
5. Carolina–Sainza Bön 3 Std.
6. Carolina–1773 1,5 Std.
7. Zernez–Murtaröl 3,5 Std.
8. Zernez–Cluozza–Praspöl 8 Std.
9. Prasp. od. LaDr.–P.dal Gall 3 Std.
10. Zernez–Sta Maria 8 Std.
11. OvaSpin–Il Fuorn 2 Std.
12. Ofenbergstr.–Champlönch 2 Std.
13. Margun–Grimmels 1 Std.
14. Il Fuorn–Stradin 2 Std.
15. Il Fuorn–Schera–Buffalora 4,5 Std.
16. Il Fuorn–Stabelchod-Val dal B. 3 Std.
17. Il Fuorn–Val S-charl 6,5 Std.

Piz Linard oberhalb von Lavin.

kirchlich wieder von Scuol aus betreut; das Pfarrhaus 1823 für 200 Gulden verkauft.
Das Val S-charl war bis ins 16. Jahrhundert eine wichtige Verkehrsader zwischen Engadin und Val Müstair, wo gegen Ende des 8. Jahrhunderts auf Anlaß Karls des Großen das Kloster Müstair gegründet wurde. Auch das Val S-charl blieb vor kriegerischen Einfällen nicht verschont. Der Name ist abgeleitet vom lateinischen scarula = Runse, (Berg-)Einschnitt.
S-charl zählte 1562 etwa 45 Wohnhäuser, die vorwiegend von Knappen bewohnt waren; 1681 gab es nur noch 16, 1957 noch 12. In den sechziger und siebziger Jahren wurde S-charl durch eine Reihe privater Ferienhäuser wieder größer; 1980 zählte man 31 Häuser und drei Berggasthöfe.

Val Müstair

Das 18 km lange Val Müstair (sprich M-ü-scht-a-i-r, alle Lautwerte betonend) ist ein südliches Paralleltal des Unterengadins. Für die Unterengadiner ist es das Tal hinter den Bergen. Die Luftlinie zwischen Scuol und dem Dorf Müstair beträgt 22 km, zwischen Scuol und Galtür im Paznauntal (Tirol) 21 km. Viele Unterengadiner wissen aber von Galtür bestenfalls den Namen, Müstair ist ihnen vertraut, gehört zu ihrer näheren Heimat. Der Name Müstair stammt vom lateinischen Monasterium (= Kloster), und es ist naheliegend, daß das Kloster Müstair dem Dorf und Tal bei der Namensgebung Pate stand. Das Val Müstair verläuft vom Paß dal Fuorn (Ofenpaß) in südöstlicher Richtung bis Santa Maria, dann nordwestlich nach Müstair, um oberhalb Glurns in den Vinschgau zu münden. Als einzige Verkehrsverbindung in die übrige Schweiz dient die Straße über den Paß dal Fuorn nach Zernez. Neben der Vinschgau-Verbindung gibt es schließlich noch die Straße über den Paß Umbrail (2501 m) nach Italien; sie hat vor allem touristische Bedeutung.
Landschaft, Geschichte, Bevölkerung, Sprache und Brauchtum sind mit dem Unterengadin sehr verwandt, fast gleich; 80 Prozent der Bevölkerung sprechen rätoromanisch. Auch das Engadiner Haus hat im Val Müstair seinen festen Platz, Hauptort des Tales ist Santa Maria (ca. 350 Einwohner). Das ganze Tal besteht aus sechs Gemeinden mit 1500 Einwohnern und ca. 1200 Fremdenbetten. Der sommerliche Fremden-

Oben: Lai Raduond oberhalb von Ardez mit Blick auf die Engadiner Dolomiten. Unten: Die Macun-Seenplatte oberhalb von Zernez bzw. Lavin im Unterengadin. Im Hintergrund der Silvretta-Hauptkamm mit Piz Buin (links) und Dreiländerspitze.

verkehr blüht, dafür sind die Wintersportmöglichkeiten bescheiden (je ein kleiner Lift in Santa Maria und Müstair); eine große Anlage ist im Gebiet nördlich Minschuns nördlich von Tschierv. Prunkstück ist Müstair (660 Einwohner) mit seinem großartigen Kloster, das gegen Ende des 8. Jahrhunderts entstand und zu den bedeutendsten Kunstdenkmälern des frühen Christentums in den Alpen gehört. Wie es eine Sünde wäre, Athen zu besuchen, ohne auf die Akropolis zu steigen, so ist es unverzeihbar, im Engadin Ferien zu genießen, ohne Müstair erlebt zu haben. Kunstkenner reisen um die halbe Erde, um das Kloster und seine Johanneskirche mit den wertvollen karolingischen Wandmalereien zu bewundern. Die Legende erzählt, daß Karl der Große nach seiner Kaiserkrönung 774 zu Mailand mit seiner Gemahlin durchs Veltlin und über den Paß Umbrail nach Norden gezogen sei. Auf dem Hochgebirgspaß wurden er und sein Gefolge von einem heftigen Gewitter überrascht. Karl gelobte, in der nächsten Talschaft als Dank für sein Überleben ein Kloster zu gründen.
Hier ist nicht der Platz, Kloster Müstair und Kirche zu beschreiben (eine informative und illustrierte Broschüre, die es an Ort und Stelle gibt, vermag das besser, gründlicher). Diese Tagesreise vermittelt Ihnen landschaftlich wie kunsthistorisch und geschichtlich unendlich viele Eindrücke und Erlebnisse: Scuol – Ramosch (Ruine Tschanüff) – Martina (Ruine Serviezel) – Norberthöhe (Schöpfwarte) – Reschenpaß – Vinschgau (Kloster Marienberg bei Burgeis: bis 1146 in Scuol!) – Calvenbrücke (Calvenschlacht) – Müstair – Paß dal Fuorn (Nationalpark) – Zernez (Schloß Wildenberg und Nationalparkhaus) – Scuol; insgesamt etwa 140 km. Sie gehört zu den schönsten, interessantesten Reisen, die man in den Alpen unternehmen kann.

Val d'Uina

Das etwa 11 km lange Val d'Uina ist ein rechtes Seitental des Unterengadins, entspringt am Paß da Schlingia (2311 m) an der schweizerisch-italienischen Grenze und mündet bei Sur En/Sent in den Inn. Uina kommt vom lateinischen ovis (Schaf). Mit dem zauberhaften und zugleich wilden Val d'Uina beschäftigen wir uns eingehender im Rahmen des »Wanderparadies Unterengadin« (Seite 93).

Das Sommerdorf S-charl mit Clemgiabach. Hinten die Pisoc-Gruppe im Nationalpark.

Die beiden Buine von Norden. Links der Große Piz Buin mit dem Normalanstieg durch die sonnenbeschienene Westflanke.

Links des Inns: Silvretta

Diese Berge sind dem ostalpinen »Normalverbraucher« schon um einiges geläufiger, wenn auch meist nur von Norden her, aus dem Montafon oder Paznauntal kommend. Piz Linard, Verstanklahörner, Kleiner und Großer Piz Buin, Dreiländerspitze, Augstenberg und Piz Tasna sind die markantesten und auch bekanntesten Berge der Silvrettagruppe im Bereich des Unterengadins. Mit zwei Hütten: Linardhütte (von Lavin) und Tuoihütte (von Guarda). Der gründlichste Führer ist zweifellos der Alpenvereinsführer »Silvrettagruppe« von Walther Flaig. Karten gleich wie für »Engadiner Dolomiten«.

Oben links: Gemsen gehören seit je zum Bild der Engadiner Berge. Sie halten sich sommers wie winters in den oberen Gipfelregionen auf, sind sehr zähe Tiere und ausgezeichnete Kletterer.
Oben rechts: Steinböcke; in den letzten Jahrhunderten nahezu ausgerottet wurden diese majestätischen Tiere um 1920 wieder im Nationalpark angesiedelt.
Unten links: Hirsche sind das größte Wild des Nationalparks. Im Herbst sind sie hautnah aus dem Val Mingèr zu beobachten.
Unten rechts: Wenige Tage altes Hirschkalb.

Val Tuoi mit den beiden Buinen (links) und Dreiländerspitze (rechts), dazwischen der Vermuntpaß.
▽

Oben: Linardhütte (unbewirtschaftet, 2327 m) dahinter die Südflanke des Piz Linard, durch die der Normalanstieg führt. Unten: Lischana-Hütte (2500 m), bewirtschaftet von Juli bis Anfang Oktober.

Geschichten und Bräuche

Die Geschichten und Traditionen im Land der Rätoromanen füllen einige Bücher. Viele weitere könnten noch entstehen. Aus räumlichen Gründen kann es sich hier nur um einige Splitter handeln.

Duonna Lupa zu Tschlin

Auch das Hangdorf Tschlin im untersten Engadin hat seine Heldin, auch wenn sie nicht heiliggesprochen wurde wie Jeanne d'Arc, die »Jungfrau von Orléans«. Die Duonna Lupa gilt als Retterin von Tschlin. Im Schwabenkrieg (1499) drangen Tiroler Soldaten in Tschlin ein, plünderten. Die meisten Bewohner waren in der Kirche beim Gottesdienst versammelt. In einem Haus stand die Duonna Lupa am offenen Feuer, rührte in einem großen Kessel Polenta – Speise aus Maismehl – an. Da kamen die Tiroler. Für wen sie die Polenta koche, wollten die Eindringlinge wissen. Duonna Lupa verlor keinen Augenblick ihre Fassung, lachte, fragte die Tiroler verwundert, ob sie denn nicht wüßten, daß die Bündner und Eidgenossen be-

Chalandamarz in Scuol. Fest der Engadiner Schuljugend zur Austreibung des Winters.

reits gegen Tschlin anrückten – für sie, die Befreier, gebe es Polenta. Und schon liefen die Tiroler, was die Füße hergaben, in Richtung Tirol. Aber die alarmierten Männer von Tschlin waren noch schneller. Den Tirolern soll es dann gar nicht gut ergangen sein. Eine geschnitzte Frauenfigur am Brunnen vor der Kirche erinnert heute noch an die mutige Duonna Lupa.

Liebe im Val d'Assa

Knapp zwei Kilometer unterhalb von Ramosch mündet rechts ein kleines, steiles Hochtal, das am Piz S-chalambert seinen Ursprung hat, ins Haupttal: Val d'Assa. Weit oben in diesem Tal ist eine Grotte. In ihr lebte einst eine Fee, eine schöne Bergfee. Der letzte Ritter der Burg Tschanüff bei Ramosch hatte sich in die Bergfee verliebt. Obwohl der Weg steil, beschwerlich war und gute zwei Stunden in Anspruch nahm, besuchte der junge Ritter immer wieder seine Fee. Bis die Burgfrau stutzig wurde. Aber des Ritters Jäger, der um das Liebesgeheimnis wußte, rückte mit der Sprache nicht heraus; Schweigen hatte er seinem Herrn geschworen. Doch die Burgherrin war erfinderisch, stellte zwei Säcke vor des Jägers Tür: einen mit Sand, einen mit Gold. Ohne ein Wort reden und den Schwur brechen zu müssen, heimste der Schlaumeier das Gold ein, streute Sand auf den Weg, bis ins Val d'Assa, zur Grotte der Fee. Bald folgte die Nacht der Entdeckung: Die Rittersfrau sah ihren Ritter im tiefsten Schlaf der Liebe mit der Fee. Die Edelfrau schnitt ein paar Locken aus dem Goldhaar der Fee, ging wieder zurück nach Tschanüff, wo bald darauf der Ritter von den Goldlocken zutiefst beeindruckt war – und künftig auf seine Val-d'Assa-Ausflüge verzichtete. Die Bergfee aber kam zur Burg und sprach ihre schlimmsten Verwünschungen aus. Und in der Tat: Um das Glück der Burg Tschanüff und ihres Geschlechts war es nicht mehr gut bestellt. Die Bergfee zog sich in die Tiefe ihrer Grotte zurück. Seither benetzt sie jeden Tag an den Stunden, in denen sie das Glück der ritterlichen Besuche ausgekostet hatte, den kalten Fels mit ihren Tränen. Die Augen der schönen Fee mit ihrer untröstlichen Liebe konnten auch Jahrhunderte nicht trocknen.

(Geologen untersuchten das Phänomen dieser intermittierenden Quelle, der »Funtana Chistagna« – aber was wissen schon Geologen über die unsterbliche Liebe einer Bergfee!)

Ehekrieg im Val d'Uina

Das Val d'Uina ist eines der wildesten und verstecktesten Seitentäler des Unterengadins. Es mündet bei Sur En/Sent in den Inn. In Uina dadaint und Uina dadora lebten früher fünfzehn bis zwanzig Familien. Zu ihnen gehörten der dickköpfige, wortkarge Alesch und seine Frau Uorschla. Alesch und Uorschla hatten keine Kinder, dafür aber oft und viel Streit. Allein die Frage, wann sie mit dem Mähen beginnen sollten, brachte Uneinigkeit, Zank. Alesch mähte nach seinem Kopf. Uorschla setzte ihren Kopf auf, hüllte sich fortan in Schweigen. Schweigend bestellte sie gerade noch den Tisch. Im Bett lebten sie buchstäblich getrennt – durch ein Brett, dick und schwer, das sie zwischen ihren ohnehin nicht bequemen Schlafstellen errichtet hatten. Wochen, Monate, Jahre hindurch. Nach sieben Jahren kam Alesch vom Holztriften im Uinabach in sein freudloses Heim zurück, gepeinigt von einer starken Erkältung. Alesch mußte ins Bett. Nachts schüttelte sich Alesch in einem Niesanfall, daß die ganze Schlafkammer erzitterte. Uorschla durchfuhr Mitleid:
»B'huet dich Gott!«
»Kam das von Herzen?« fragte Alesch.
»Ja, vom Herzen.«
»Dann darfst das Brett wieder wegnehmen«, sagte Alesch erleichtert.
Es geht doch nichts über einen guten Schnupfen!

Ardezer Hähne krähen früh

Als die Ardezer noch Steinsberger hießen, hatten sie auf der (heutigen) österreichischen Seite ihren »Steinsperger Grundt und Poden«, der bis ins Montafon nach Partenen und ins Paznauntal nach Galtür reichte. Zwischen den Steinsbergern und Montafonern hatte es ewige Grenzstreitigkeiten gegeben. Bis sie sich einigten, auf folgende Weise eine Entscheidung zu fällen: An einem Morgen sollten beide Par-

teien zu Hause aufbrechen, wenn der Hahn erstmals kräht, und sich entgegengehen. Und an dem Punkt, wo sie sich träfen – etwa in der Wegesmitte –, wolle man für alle Zeiten den Grenzstein setzen. Die Montafoner verließen beim ersten Hahnenschrei ihr Dorf. Aber schon nach wenigen Metern stießen sie auf die am Wegesrand hockenden, wartenden Engadiner, die sagten: »Wir wollten nicht noch weitergehen, weil wir euch sonst das ganze Tal weggenommen hätten!«
Eine offenbar blitzgescheite Steinsbergerin hatte den Hahn am Vortag mittags um drei Uhr in kaltes Wasser gesetzt. Da begann er zu krähen – die Männer liefen los.

Der liebe Gott und die Engadiner

Bald nachdem Gott die Menschen erschaffen hatte, kam es in aller Welt zu Kriegen, weil sich die Menschen über ihre Länder nicht zu einigen vermochten. So beschloß der liebe Gott, eine Landaufteilung vorzunehmen. Natürlich sollte das auf einem der schönsten Erdenflecken geschehen – im unteren Engadin. Völker der ganzen Erde marschierten auf, jedes bekam seinen gerechten Teil. Aber es war gerade Herbst. Und im Herbst sind die meisten Engadiner in den Bergen, auf der Jagd. Endlich wieder im Tal, erfuhren sie, daß alles Land der Erde schon aufgeteilt war. Bis auf das Engadin. Sie sprachen vor beim Herrn, der mit leeren Händen dastand und sagte, daß dieses letzte, schönste Stück er behalte. Die Engadiner waren gerührt, daß der Herr ausgerechnet ihr Tal auserkoren hatte, und sangen ihre schönsten Lieder, die den lieben Gott so sehr beeindruckten, daß er sprach: »Nehmet dieses mein letztes Land!« Und das allein ist der Grund, daß der liebe Gott nicht im Engadin, sondern im Himmel ist.

Chalandamarz – Pangronds

Am 1. März, Jahresanfang des alten Römischen Reichs, geht es bei der Engadiner Schuljugend stets hoch her. Peitschengeknalle und Kuhglockengeläute erfüllen die Dorfgassen – der Winter wird ausgetrieben. Allen voran Sennen und Hirten, mit blauen Kutten, roten Halstüchern und mindestens einer Großvaterpfeife. Je lauter, desto besser, von Haus zu Haus, um Geld für die Schulklasse zu sammeln. Auf den Dorfplätzen werden Frühlingslieder gesungen. Und schließlich wird mit dem Geld der turbulente »Chalandamarz-Ball« gefeiert. Für die höheren Klassen dauert er meist bis spät in die Nacht. Die Tänzerin hat man sich bereits vor dem Ball gesichert. Und zwar durch den Volksbrauch »Pangronds« (Birnenbrot). Wie es zum Pangronds kam, weiß man heute nicht mehr, aber das ist auch nicht so sehr wichtig – Hauptsache, daß es Pangronds gibt: Am 26. Dezember, kurz nach dem Mittagstisch, ziehen die Jungen klassenweise von Haus zu Haus ihrer Mitschülerinnen. Die jungen Damen stehen bereits erwartungsvoll – wie könnte es anders sein! – im großen Torbogen des elterlichen Hauses. Schon von weitem ist der Jungenruf »dà a mai, dà a mai« (gib es mir, gib es mir!) zu hören. Gemeint ist das Pangrond, das die Hübsche bereithält. Und wer den Pangrond bekommt, den mag sie am liebsten; das ist gleichzeitig die Wahl ihres Kavaliers für die künftigen Jugendfeste, zum Beispiel für den Chalandamarz-Ball. Nicht selten führte das Pangrond zu einem späteren Lebensbund. So einfach geht das im Engadin!

Hom Strom

Der Hom Strom – Stroh-Mann – wird in Scuol seit urdenklichen Zeiten am ersten Februarsonntag gefeiert. Mit dem Hom Strom werden nicht die bösen Wintergeister ausgetrieben, wie es vielfach heißt, sondern er symbolisiert eine Opfergabe an den Sonnengott für eine gute Roggenernte. Der 10 bis 12 Meter hohe Hom Strom besteht aus einer unendlich langen Riesentrosse, gedreht aus ungebrochenem Roggenstroh, armdick und fest, um eine Holzstange gewickelt, bis der Hom Strom etwa eineinhalb Meter dick ist.
Der Strohriese wird von der meist jugendlichen Dorfbevölkerung mit viel Begeisterung und Gesang – früher mit Musik – durchs Dorf zur letzten Stätte getragen und aufgestellt. Um acht Uhr abends wird der Hom Strom mit Lumpenkugeln angezündet, die vierzehn Tage lang in Petroleum lagen und an massiven Drähten befestigt sind, um sie nach der Entzündung als Feuerkugeln zu schwingen. Alle singen das Hom-Strom-Lied von Men Rauch:

Hom Strom in Scuol. Um eine Holzstange werden Trossen aus Roggenstroh gewickelt und aufgestellt.

Abends werden in Petroleum getränkte Lumpenkugeln an langen Brettern als Feuerkugeln geschwungen, mit denen anschließend der Hom Strom als Opfergabe an den »Sonnengott« angezündet wird.

»Der Strohmann ist ein schöner Mann,
ein Mann von großer Klasse...
Die Flammen steigen hoch,
sie bringen Lob dem Gott,
sie bewahren uns vor bösen Geistern –
es lebe der Hom Strom!«

Aber dem jahrhundertealten Hom Strom droht das endgültige Todesurteil. Denn seit die Bauern der Nachbargemeinden keinen Roggen mehr anbauen, fehlt das meterlange, ungebrochene Roggenstroh, das weder mechanisch geerntet noch gedroschen werden darf. Und aus dem Österreichischen darf das begehrte Stroh nicht eingeführt werden, weil das die Gesundheitsbehörden nicht zulassen. Der Hom Strom wird in der Regel gut bewacht, damit er von Jungen aus den Nachbardörfern nicht vorzeitig angezündet werden kann. Letztmals glückte der Streich einem Senter. Hom Strom – quo vadis?

Babania – Tanz der Roten Röcke

Babania wird in Ardez seit Jahrhunderten gefeiert: immer am 6. Januar. Es ist der Tag, an dem die jungen Leute von Ardez ihr Lebenslos und natürlich ihre Liebe finden sollen. Da werden heißer Talg oder heißes Zinn in kaltes Wasser geworfen. Die oft bizarr verformten Stücke, in denen mit einiger Phantasie bestimmte Bilder, Formen oder Symbole zu erkennen sind, werden von einer alten Frau, einer Weissagerin – die es natürlich nicht zu allen Zeiten gibt – gedeutet. Anschließend folgt der »Tanz der Roten Röcke«, an den sich selbst alte Ardezer mit Vergnügen erinnern. Es herrscht die ersten vier oder fünf Runden absolute Damenwahl. Nicht nur, daß die Schönen in ihrer sattroten Engadiner Tracht wählen dürfen – nein, sie müssen. Aber sie müssen nicht einen Burschen, sondern ein Los wählen oder ziehen. Und da kommen oft die heitersten Vereinigungen zustande. Daß zum Beispiel eine zierliche Jungfrau mit einem klobigen Bauer oder Knecht von dreißig Jahren tanzen muß. Maximum des Festes: wenn sich später herausstellt, daß sich an Babania tatsächlich ein Lebenspaar gefunden hat. Babania ist das größte Fest des Dorfes und ein wichtiger Beitrag im Sinne guten Zusammenlebens. Seit einigen Jahren wird Babania entweder am Samstag vor oder am Samstag nach dem 6. Januar abgehalten, weil sich auch im Engadin die Zeitnot bemerkbar macht.
Fast jedes Dorf hat seinen eigenen Brauch. In Ftan feiert man am ersten Februar-Samstag Schüschaiver, in Sent gibt es das Festa dal Capo, um nur einige zu nennen.

Sommer- und Wintersport im Unterengadin

Das Unterengadin bietet für jede Jahreszeit ein riesiges, buntes Mosaik von Möglichkeiten, die Freizeit aktiv zu verbringen oder auch nur erholsam zu faulenzen. In einer bezaubernden Landschaft eröffnet sich ein Naturfreizeitraum, der seinesgleichen sucht.
Wir müssen uns hier mit einer reinen Aufzählung der verschiedenen und vielen Möglichkeiten begnügen.

Sommer

Golf:

Der Golfplatz von Vulpera auf 1250–1280 m gehört zu den hochgelegenen Plätzen der Alpen (9 holes); Minigolf in Scuol (Sportanlage Trü).

Tennis:

Insgesamt 11 Sandplätze und 3 Hallenplätze in Scuol, Tarasp und Vulpera.

Baden:

2 Hallenbäder in Scuol, 1 in Vulpera, 1 in Zernez; 1 Freibad in Scuol, 1 in Vulpera, 1 in Strada; vielfach sieht man Badende auch am Inn, wo es zweifellos am ruhigsten ist – im Wasser aber auch am kältesten.

Fischen:

Der Inn und seine Nebenflüsse sind fischreich, Forellen und Äschen. Tages- und Wochenkarte im jeweiligen Gemeindehaus (nicht billig).

Wildwassersport:

Großartige Möglichkeiten auf dem Inn. Insgesamt rund 70 km mit Strecken jeder Schwierigkeit (siehe Flußbeschreibung, Seite 121).
Die Ausrüstung muß jedoch vollständig sein, denn in keinem der Engadiner Sportgeschäfte ist man über die Wünsche der Kanuten orientiert (Reservepaddel und Flickzeug nicht vergessen!).
Für Teilnehmer an organisierten Schlauchbootfahrten wird die erforderliche Ausrüstung vom Veranstalter gestellt. Solche Fahrten werden täglich auf verschiedenen Inn-Strecken unternommen.

Wandern:

Zahllos sind die Möglichkeiten im weiten Talbereich und in den Bergen, ob im oder außerhalb des Nationalparks; die meisten Kur- und Verkehrsvereine schreiben auch geführte Wanderungen und Wildbesichtigungen aus. Die schönsten und großzügigsten Wanderrouten sind auf den Seiten 93–114 beschrieben.

Bergsteigen:

Vom Piz Tasna bis zum Piz Linard sind die schönsten Silvretta-Dreitausender praktisch »vor der Türe«. Interessante Anstiege auch in den Engadiner Dolomiten. Wer sich genauer umsieht, findet als Neulanderoberer Möglichkeiten für mehrere Sommer! Und kurz vor Ardez, rechts der Straße (Parkmöglichkeit), einen sehr lohnenden Klettergarten. Etwa 15 Routen sind am Einstieg mit Schwierigkeitsangaben gekennzeichnet; an schwierigen Stellen befinden sich Haken. Die meisten Routen befinden sich etwa 20–30 m oberhalb der Straße (Steigspuren). Wer höher hinaus will, ist in einer Autostunde in der Bernina oder am Ortler, in eineinhalb Stunden im Bergell. Drei lohnende Gipfelbesteigungen sind auf den Seiten 115–120 beschrieben.

Delta- und Gleitschirmfliegen:

In Scuol wurde 1973 die erste alpine Drachenflugschule der Welt gegründet. Seither hat sich Scuol zu einem beliebten Zentrum für Delta- und Gleitschirmflieger entwickelt. 1987 wurde der Paragliding Club Engiadina Bassa ins Leben gerufen, der das ganze Jahr hindurch in Scuol Flugkurse abhält. Fertige Piloten können dort auch Informationen über die Flugmöglichkeiten im Unterengadin einholen (Auskunft und Anmeldung: Tel. 084-9 12 15).

Sonstiges:

Ein »Vita-Parcours« in Vulpera, 2,3 km lang, mit 20 Stationen; mehrere Boccia-Bahnen in Scuol und Vulpera; automatische Kegelbahn, Tischtennis, Schachklub, Tontauben- und Pfeilbogenschießen.

Winter

Ski Alpin:

2 Gondelbahnen, 1 Sessellift, 11 Schlepplifte im »Ski-Eldorado Scuol/Ftan« mit 70 km Piste, darunter die »Traumpiste« mit 11,5 km und 1550 Höhenmeter; 8 Pistenmaschinen, 4 Bergrestaurants. Je 1 Lift in Tarasp und Zernez.

Skilanglauf:

Etwa 100 km gepflegte Loipen zwischen Zernez und Martina; die längste zusammenhängende befindet sich zwischen Scuol und Martina (45 km).

Skitouren:

Ungezählte Möglichkeiten im Bereich von Silvretta, Samnaun und Münstertaler Alpen (Engadiner Dolomiten); einige der lohnendsten sind auf den Seiten 126 ff. beschrieben.

Rätia-Skihochroute

Im März 1972 wurde die Rätia-Skihochroute von Toni Hiebeler und seinen Freunden eröffnet. Eine der schönsten Skihochrouten in den Alpen mit sieben abwechslungsreichen Tagesetappen: Scuol – Piz Tasna – Jamtalhütte; Dreiländerspitze – Wiesbadener Hütte; Piz Buin – Saarbrücker Hütte; Seelücke – Plattenjoch – Tübinger Hütte – Gargellen; Schafberg – Gafierjoch – Rätschenhorn – Klosters – Weißfluh – Davos; Strelapaß – Chörbschhorn – Arosa; Hörnli – Lenzerheide; Rückfahrt mit Bus und Rhätischer Bahn. Die Route, 145 km lang, führt durch die Berggebiete der einstmals römischen Provinz Rätia. Über 70 km mit 10 600 Höhenmetern entfallen auf Abfahrt, fast 25 km mit rund 6000 Höhenmetern auf Bergbahnen!
Genaue Beschreibung auf den Seiten 137 ff.

Winterwandern:

Etwa 150 km schneefrei gehaltene Wanderwege im ganzen Unterengadin; auf der Motta Naluns bei Scuol ist sogar ein 5 km langer Höhenwanderweg geboten. Auskünfte im jeweils örtlichen Verkehrsverein.

Delta- und Gleitschirmfliegen:

Siehe oben (Sommer); den ganzen Winter hindurch werden Flugkurse abgehalten.

Sonstiges:

Curling, Eishockey, Eislauf und Eiskunstlauf, Eisstockschießen, Rodeln (Schlitteln).

Oben: Organisierte Schlauchbootfahrten auf dem Inn. Unten: Angler am Inn.

Oben: Golfplatz in Vulpera. Im Hintergrund die Engadiner Dolomiten. Unten: Kajakfahrer auf dem Inn bei Susch.

Wanderparadies Unterengadin

Wanderungen für jeden Geschmack

Der Unterengadiner Sommer ist vor allem natürlich ein Paradies für den Bergliebhaber und Naturfreund jeder Schattierung, vom vergnügten Talwanderer über den Hochgebirgswanderer bis zum Felskletterer. Jeder findet hier seine Wege, seine Routen und Ziele und seine Erlebniswelt.

Von über hundert Möglichkeiten die schönsten für ein Buch, das die Interessen aller Unterengadin-Besucher ansprechen will, auszusuchen, ist schwierig, eine Qual der Wahl oder besser: eine Wahl des Herzens. Wer aber die ausgewählten Wanderungen erlebte – in zwei Wochen bringt man sie leicht hinter sich –, der kennt das Unterengadin, wie nur wenige Feriengäste es kennen. Von Zernez bis Martina entweder auf Tal- bzw. Terrassenwanderungen entlang beider Seiten des Inns oder auf dem grandiosen Panorama-Höhenweg. Die einzelnen Abschnitte können jeweils bequem an einem Tag erwandert werden. Denn in den einzelnen Dörfern sollte ja immer genügend Zeit für Rast und Stärkung in den hübschen Ustarias (Wirtschaften) bleiben. Schließlich braucht man auch Zeit, um Geschichte, Kultur und Kunst »in den Griff« zu bekommen oder wenigstens mit all den schönen Dingen vertraut zu werden. Zu den ausgesprochenen Traumzielen des Unterengadins gehören auch die Wanderung zu den Macunseen von Zernez nach Lavin oder die Wanderungen durchs Val d'Uina nach Sur En, durchs Val Mingèr im Nationalpark sowie durchs Val Laver und Val Sinestra nach Sent. Daneben könnte man den Wanderwegen im Nationalpark viele Seiten widmen. Die Übersicht auf S. 75 soll jedoch Hinweis und Anregung genug sein.

Piz Lischana und Val d'Uina

Auf das Val d'Uina auch nur namentlich zu stoßen, ist gar nicht so einfach. Natürlich findet man den Namen auf den verschiedenen Karten – zum Beispiel auf den Schweizer Landeskarten »Flüelapaß« 1:100 000, Nr. 39, und »Tarasp« 1:50 000, Nr. 249 –, aber wer liest heute schon Karten zum reinen Vergnügen! Man sieht es bei Crusch bzw. Sur En in der Gemeinde Sent von Südosten ins Haupttal des Inns münden. Das ist aber auch alles (wenn man die Karte liest). Man muß sich da schon mit Literatur beschäftigen oder das Glück haben, in einer gemütlichen Ustaria mit gebildeten Einheimischen ins Gespräch zu kommen. Mit Gebildeten deshalb, weil nur sie die Schönheit und das Außergewöhnliche des Val d'Uina einzuschätzen und zu beurteilen verstehen. Die anderen kennen es zwar auch, aber für sie ist es einfach »da«, dieses wilde, einsame Hochtal mit seiner reichen und langen Vergangenheit, mit seiner geradezu erschreckenden Schlucht, wie man sie in den Alpen kaum mehr findet.

Weilt man als Sommergast im Unterengadin, dann hört man früher oder später: »Sie kennen das Val d'Uina noch nicht?« Etwa so, als ob man zwei Wochen in Rom gewesen wäre, ohne die Sixtinische Kapelle besucht zu haben. Aber ich habe vorgegriffen, denn das Val d'Uina ist Höhepunkt und zugleich lieblicher Ausklang einer der schönsten Wanderungen im Unterengadin. Einer Wanderung, auf der so ziemlich alles, was man zu sehen und zu erleben wünscht, geboten ist. Einsamkeit, eine zünftige Hütte, die zudem auch noch ein grandioser Aussichtsbalkon ist, ein leichter und gefahrloser Gipfel, sogar ein Minigletscher, hochromantisch gelegene Seen, ursprüngliche, fast unberührte

Wälder, sanfte Alpmatten, tobende Wildwasser, faszinierende Schluchten, zauberhafte Flora, reicher Wildbestand. Und nochmals: Einsamkeit.
Um alles in Ruhe erleben zu können, ohne Zeitdruck, brauchen wir eineinhalb Tage. Die ganze Wanderstrecke hat eine Länge von 22 km mit rund 1800 Höhenmeter Auf- und Abstieg; etwa zehn Stunden Gehzeit. Aber der Weg ist so kurzweilig im Verlauf und landschaftlich abwechslungsreich, daß die Stunden wie im Fluge verstreichen, zu schnell, wie ein Traum – ein Traumweg schlechthin. Wir beginnen in Scuol.
Vom Unterdorf zunächst auf der Fahrstraße nach Süden über den Inn in Richtung S-charl. Nach der dritten Kehre verläßt man die S-charl-Straße nach links und gelangt bald zum eigentlichen Beginn des Aufstiegsweges. Ein herrliches Wiesenstück mitten im Wald, darauf das Gehöft San Jon. Bis zum Wegbeginn kann man auch das Fahrzeug benützen, das bringt eine gute halbe Stunde (allerdings mit dem Nachteil, das Fahrzeug hier stehen lassen zu müssen). Nach dem Durchschreiten der bunten San-Jon-Wiese taucht man, stets ansteigend, im kühlen Hochwald unter. Bald ist das Rauschen des Lischanabaches zu hören, Minuten später hat man ihn vor sich. Junges, klares Wasser, hüpfend, plätschernd, ungestüm, wild. Am orografisch linken Ufer geht's aufwärts, bis einen der Weg zur anderen Seite bringt. Hier, nach einer reichlichen Stunde, darf man sich gut und gerne eine Rast gönnen, besonders wenn man mit Kind und Kegel unterwegs ist, wie ich es war. Denn immerhin ist man da bereits auf 1700 Meter, fast einen halben Tausender überm Tal.
Der Wald wird mit jedem Schritt lichter, vereinzelte Lärchen, die allen Wettern standgehalten haben, dann sind es nur noch Legföhren oder Latschen, dunkelgrün, an den Berg verkrallt, umgeben von würziger Luft. Einige Steilstufen, die der Weg – immer bestens markiert – geschickt überwindet, flacheres Gelände mit karger Hochweide. Über den letzten Bukkeln ahnt man die Hütte. Murmeltiere, deren Pfiffe einen begrüßen – und dann die Familienaufregung mit dem Steinbock, den ich am Fuße der Abstürze des Piz San Jon entdecke, deutlich, mit freiem Auge. Ich erkläre seinen Standort, jeden Stein, jede Runse. Aber weder Frau noch Kinder sehen ihn, auch mit dem starken Fernglas nicht. Nach guten zehn Minuten verliert das Tier die Geduld, verschwindet in der nächsten Rinne (dann muß ich mir auch noch den Vorwurf gefallen lassen, einen Witz gemacht zu haben).
Nach vier gemütlichen Stunden betreten wir die Hütte, die Chamanna Lischana auf 2500 Meter, Eigentum der Sektion Unterengadin des Schweizer Alpenclubs. Sie wurde 1983 renoviert, hat 41 Schlaflager und ist ab Juli bis Mitte Oktober bewirtschaftet. Einfach eingerichtet, aber sauber; man kann sich wohl fühlen. Und man hat vor allem immer wieder den Wunsch, vor die Hütte zu treten zum Schauen und Schauen, hinab ins tiefe Tal, hinüber zu den wildgezackten Bergen der Silvretta, wo sich im Nordwesten vor allem die beiden Buine abheben. Ganz nahe, nur einige Steinwürfe von der Hütte entfernt, die vierhundert Meter hohe Nordostwand des Piz San Jon, steil und abweisend, deren Direktroute immer noch auf ihre Eroberer wartet (wie so viele Wände und Kanten in diesem Gebiet).
Der nächste Morgen ist nichts für Langschläfer, denn für die fünf bis sechs Gehstunden sollte man den ganzen Tag zur Verfügung haben. Spätestens um sechs Uhr sind wir unterwegs. Das gilt besonders, wenn man mit Kindern unterwegs ist: Sie wollen oft rasten, unterwegs auch spielen.
Gleich nach der Hütte verläßt man die oberste Vegetationsgrenze. Schutt, Schroffen, Fels – Urwelt. Und immer noch ein passabler Weg, ohne Gefahr, ohne sonderliche Anstrengung. Mulden und Kare, die oft noch mit Firnresten bedeckt sind. Dann der behäbige Gratrücken, über den man nordwärts zum Gipfel des Piz Lischana (3105 m) aufsteigt. Knapp zwei Stunden von der Hütte. Gipfel? Das ist ein Thron, ein Aussichtsthron ersten Ranges. Weite Teile der Ostalpen sind in der großen Runde zu bewundern. Silvretta, Samnaun, Ötztaler Alpen, Ortler, Bernina. Man könnte hier über das zweite Frühstück hinaus noch Stunden verweilen. Aber wir müssen weiter, dem landschaftlichen Höhepunkt zu.
Wieder über den breiten Gratrücken hinab und weiter auf ihm noch ein Stück gegen Süden, wo wir den Minigletscher Vadret da Rims betreten. Über den sanftgeneigten Osthang hinab, durch enge Tälchen und kleine Mulden. Nach einer Stunde stehen wir in einer hochalpinen Seenlandschaft: Lais da Rims. Hier glaubt man noch einen Hauch Eiszeit oder Weltentstehung zu spüren, hier wird man zeitlos, hier möchte man bleiben. Sechs Seelein, glasklares Wasser, die

Val-d'Uina-Schlucht. Der Felsweg ist links deutlich zu erkennen. ▷

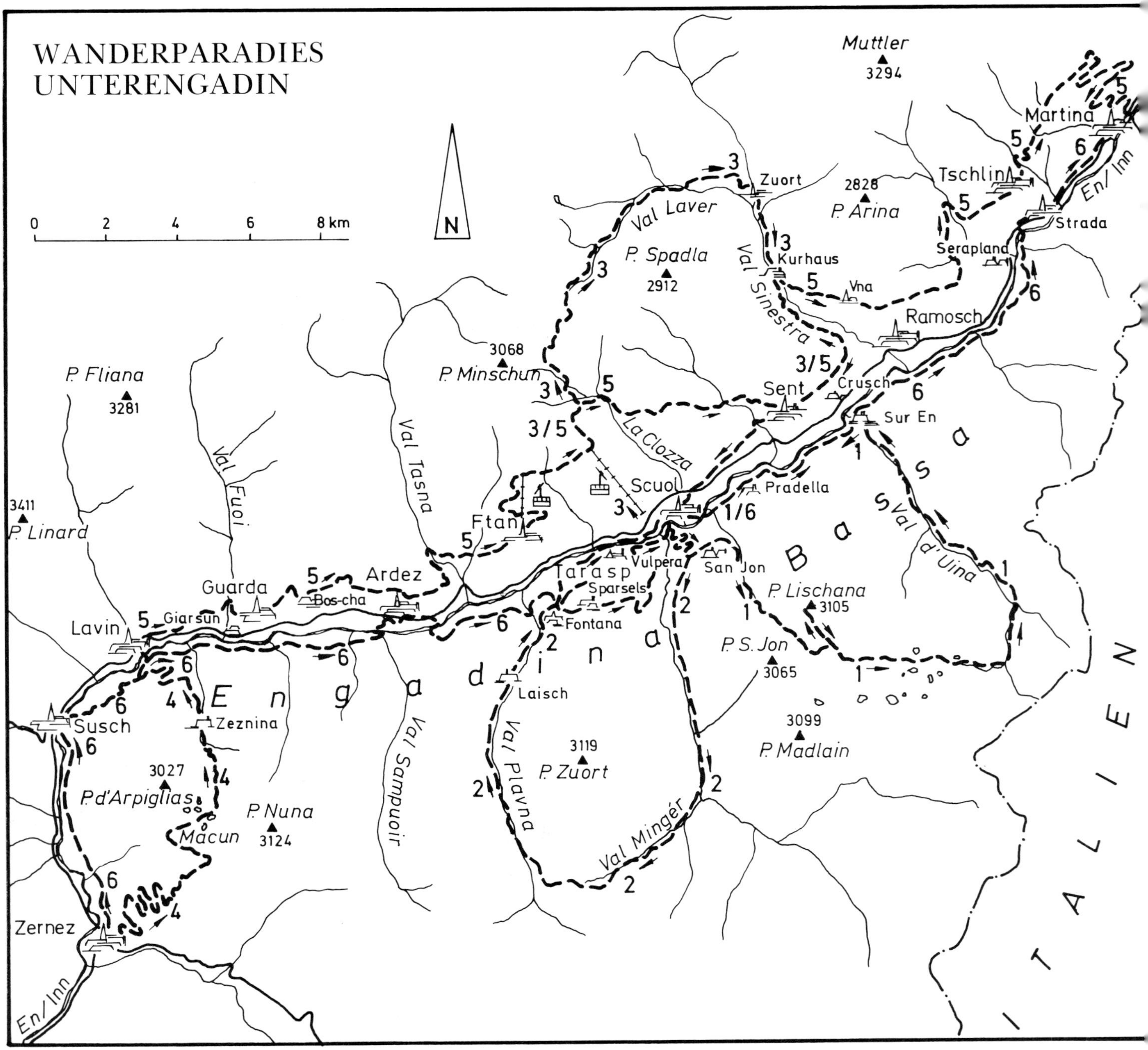

Wanderung 1: Piz Lischana und Val d'Uina; Wanderung 2: Durch den Nationalpark; Wanderung 3: Die Piz-Champatsch-Runde; Wanderung 4: Das Seenplateau von Macun; Wanderung 5: Terrassenwanderung links des Inns; Wanderung 6: Talwanderung rechts des Inns.

Berge im Spiegelbild, flimmernde Luft, absolute Stille. Ein Stück Erde, auf dem man noch träumen kann. Nur ungern zieht man weiter – ja, nächstes Jahr, sagt man sich.
Schon sind wir wieder von spärlicher Vegetation umgeben. Der Weg besteht anfangs nur aus Trittspuren, aber mit Hilfe der guten Markierung gibt es kein Verirren. Immer steiler geht es östlich hinab, besonders zuletzt, bevor einen der weite Wiesenkessel Sursass im obersten Val d'Uina aufnimmt. Unendlicher Kontrast zum bisherigen Tag. Eine kleine Alphütte an den Berg geklebt, und bis zur Staatsgrenze nach Italien (Südtirol) sind es von hier nur noch 1500 Meter (die Alpe wird auch von Südtiroler Bauern bestoßen). Jenseits der Grenze – unweit der früheren Pforzheimer Hütte –, etwa eine gute Stunde von hier, gibt es seit Frühsommer 1980 die Schlinigpass-Hütte des Alpenvereins Südtirol mit 80 Schlafplätzen und Bewirtschaftung von Mitte April bis Oktober. Sanfter Wiesengrund, braves Bächlein, wohltuende Harmonie der Landschaft.
Noch eine Viertelstunde lang. Dann bewegt uns eine erregende Felslandschaft – die Val d'Uinaschlucht – »il Quar« nennen sie die Einheimischen – tausend Meter lang, bis zu vierhundert Meter tief, einen Steinwurf breit, mit dreihundert Meter Gefälle, tosendes Wildwasser. Die Schluchtwände sind teilweise senkrecht, früher unbegehbar für Mensch und Tier. Heute ist in die rechte Schluchtwand ein breiter Weg gehauen, fast durchwegs mit einem Halteseil abgesichert. Ein aufregender Weg, ein Gang der Faszination. Man muß immer wieder stehenbleiben und die Wildheit auf sich einwirken lassen. Und sofort begreift man, daß einem von den Einheimischen dieser Weg ans Herz gelegt wird. Daß die Val d'Uinaschlucht noch nicht in aller Welt bekannt ist? Vom letzten Autopunkt braucht man immerhin drei Stunden aus dem Haupttal. Und außerdem ist die Schlucht auch fotografisch nicht gut erfaßbar. Man muß sie selbst gesehen haben.
Die Uinaschlucht wurde 1910/11 von der Sektion Pforzheim des Deutschen Alpenvereins mit diesem kühnen Weg erschlossen und für jedermann zugänglich gemacht. Denn bis zum Zweiten Weltkrieg gab es südöstlich des Paß da Schlingia (2311 m, Staatsgrenze), bereits auf italienischem Gebiet, die Pforzheimer Hütte (2255 m). Durch den Uina-Schluchtweg war ihr Zugang wesentlich erleichtert. Und für die Gemeinde Sent, zu der ja das Val d'Uina gehört, war der Weg in zweifacher Hinsicht eine erfreuliche Sache: Erstens konnte sie sich den mühsamen Umweg durchs Val da la Stüra zu den großen Alpböden von Sursass (= über dem Berg, Stein) sparen, und zweitens wurde der Weg auch noch von Kanton und Bund subventioniert; der Weg brachte Sent einen Reingewinn von zweitausend Franken!
Beim Hof Uina Dadaint (1770 m), wo wieder Lieblichkeit vorherrscht, fühlt man sich fast ein wenig erleichtert. Aber auch im Val d'Uina ist es heute noch bzw. wieder still. Zwei Höfe im ganzen Tal, das von der Schlucht bis zum Inn immerhin 7 km lang ist: Uina Dadaint und Uina Dadora (1499 m). Vor rund 200 Jahren, also noch vor den napoleonischen Kriegen, lebten in diesem Tal an die zwanzig Familien. Landwirtschaft und Ackerbau wurden hier betrieben; Gerste, Kartoffeln und sogar Roggen gediehen. Die Menschen im Val d'Uina sind vor den Raubzügen, von denen das Engadiner Haupttal immer wieder heimgesucht wurde, weitgehend verschont geblieben, denn auch der Talausgang besteht aus einer tiefen Schlucht. Allein vor Bären waren die früheren Uinabewohner nicht sicher.
Die beiden Uina-Höfe wurden 1905 an die Familie Vonmoos in Ramosch verkauft. Bis dahin war die Gemeinde Sent Herrscherin übers ganze Val d'Uina, verpachtete es aber bereits ab 1475. Im Pachtvertrag hieß es, den Pächtern werde das Tal als Lehen in Ewigkeit (»in perpetuo«) überlassen. Diese »Ewigkeit« bereitete den Sentern dann auch ewige Sorgen. Erst nach einem fast zwanzig Jahre währenden Prozeß konnte Sent 1892 das Lehen rückgängig machen. Und daß die Lehensleute im Val d'Uina harte Dickschädel hatten, beweist die Geschichte des »Ehekrieg im Val d'Uina« (Seite 84).
Sogar eine Mühle hatte es in dem Hochtal gegeben. Den Mühlstein kann man heute noch am Wegrand bewundern. Auf ihm steht:
»Überbleibsel der Mühle
von Vorder- und Hinteruina.
So nimmt alles ein Ende.
Vergiß das nicht.«
Leider nimmt auch das zauberhafte Val d'Uina ein Ende, dessen Ausgangsschlucht nochmals Wildromantik erleben läßt. Aber in der kleinen Siedlung Sur En, bei einem Bier in der Wirtschaft »Val d'Uina«,

darf man sich gerne eingestehen: Es reicht – die vielen Eindrücke brauchen ihre Zeit.
Am rechten Innufer erreicht man nach einstündigem Spaziergang Scuol.

Durch den Nationalpark:
Val Mingèr – Val Plavna

Genaugenommen ist es eine Hochgebirgsrunde um die wilde Pisoc-Gruppe. Sie ist aber vollkommen ungefährlich und kann von jedermann unternommen werden: Für die rund 15 km lange Wanderung braucht man 5 bis 7 Stunden – je nach Lust zur Wildbesichtigung –, denn das Tal Mingèr gilt als eines der schönsten Täler des Schweizer Nationalparks. Zum Ausgangspunkt im Val S-charl gelangt man am besten von Scuol mit dem Postbus bis zur Mingèr-Brücke. Hinauf durch das herrliche und wildromantische Val Mingèr bis zum Übergang Il Foss (2317 m) sind es rund 650 Höhenmeter, die man in 1½ bis 2 Stunden schafft. Imposanter Ausblick hinüber zum Piz Plavna Dadaint. Hinab zur Alp Plavna im gleichnamigen Tal und durch seine zauberhafte Landschaft hinaus nach Funtana am Fuße des Schlosses Tarasp, für dessen Besichtigung man einen eigenen Nachmittag zur Verfügung haben sollte. Die wenigen Minuten hinauf nach Sparsels östlich des Schlosses, hinab nach Sgnè, wo man herrliche Schalensteine bewundern kann; zuletzt auf schönem Zickzackweg durch kühlen Wald zum Kurhaus Tarasp am rauschenden Inn, dem man rechtsseitig folgt, um über eine der nächsten vier Brücken auf die linke Seite und nach Scuol zu gelangen.

Die Piz-Champatsch-Runde:
Val Laver – Val Sinestra – Sent – Scuol

Ein Wanderhochgenuß buntester Abwechslung: wild, aber ungefährlich. Gegenstück der Runde um die Pisoc-Gruppe, denn diesmal lernen wir die Berge links des Inns kennen. Von Scuol mit der ersten Gondelbahn (Tel. 084-91249) hinauf zur Bergstation Motta Naluns (2146 m, Bergrestaurant). Auf bezeichnetem Weg, unterhalb der Chamanna Naluns (im Sommer unbewirtschaftet) vorbei, hinauf in das riesige Kar Champatsch und auf Wegspuren auf die Fuorcla Champatsch (2730 m, 1½ Stunden). Nordöstlich hinab in das wilde Kar Tiral und nordöstlich in das Val Laver, an dessen linker Talseite man die Alp Pra San Flurin (3 Stunden von Motta Naluns), die »Wiese des Heiligen Florin«, erreicht. Ähnlich wie im Pflanzenschutzgebiet der Motta Naluns auch hier eine herrliche Flora. Kurz unter der Alp Abzweigung, auf dem linken Weg, vorbei an zwei Alphütten, hinab zum Berggasthof Zuort, wo einem das Bier sicherlich gut schmeckt (3½ bis 4 Stunden von Motta Naluns). Gleich daneben die Chasa Mengelberg des berühmten holländischen Dirigenten. Dann zunächst auf der linken Talseite des Val Sinestra, bald aber rechts hinab in die kühle Schlucht des Branclabaches und diesen entlang zum früheren Kurhaus Val Sinestra (4½ Stunden von Motta Naluns), von wo man die 1½ Stunden nach Sent hinauswandert, um zwischen 17 und 19 Uhr einen der drei Busse in Richtung Scuol zu erreichen.

Das Seenplateau von Macun:
Zernez – Macun – Lavin

Diese Wanderung führt in eine unglaublich wilde und zugleich hochromantische Gebirgslandschaft, die man ganz bestimmt zu den schönsten Flecken der Alpen zählen darf. Die Churer Schriftstellerin Katharina Hess schrieb über die Macunseen: »Für mich ist das der schönste Platz auf der Erde.«
Ein wahres Hochgebirgsparadies. Etwa zwanzig kleine und größere Seen mit blaugrünem Wasser sind auf dem Macun-Plateau eingelagert, jeder in einer anderen Form, jeder mit einem anderen Leben, umgeben von zerrissenen Felsflanken, riesigen Schutthalden mit kleinen Matten dazwischen. Hier gibt es einen phantastischen Blockstrom, dessen Massen sich millimeterweise talwärts bewegen; er hat seinen Ursprung am namenlosen Westgipfel des Piz Nuna (bei P. 3046).
Aber ein echtes Hochgebirgsparadies wird dem Bergfreund nicht einfach in den Schoß geworfen. Man muß es sich verdienen. Und der Aufstieg von Zernez bis auf den Laschaduragrat (P. 2945 m) kostet einige Mühen. Und man muß auch sagen, daß man sich die ersten 2½ Stunden auf dem Fahrweg bis hinauf zu den Lawinenverbauungen (Endpunkt der Fahrgelegenheit bei P. 2268 m) lieber ersparen würde. Wer aber mit den Einheimischen umzugehen versteht, findet bestimmt einen freundlichen Zernezer, der einen gegen einen guten Preis im Geländewagen bis zum Ende des Fahrweges bringt. Von dessen Endpunkt errei-

◁ *Rimser Seen, an denen man auf dem Weg von der Lischana-Hütte ins Val d'Uina vorbeikommt.*

chen wir nach einer knappen Stunde die schöne, begrünte Schulter des Munt Baselgia (2682 m), auf der man sich vorkommt wie im Cockpit eines großen Flugzeuges, mit ungeheurem Tiefblick und einem faszinierenden Panorama, das uns das riesige Halbrund vom Ortler über die Bernina-Berge bis zu den Albula-Alpen erschließt.
Nach einer weiteren knappen Stunde über den schroffendurchsetzten Rücken hinauf kommen wir zu P. 2945 am Laschadura-Grat, wo es uns wieder den Atem verschlägt: nahe unter uns die Seenplatte mit ihren Meeraugen und auf der anderen Talseite die höchsten Berge der Silvrettagruppe, allen voran der mächtige Kegel des Piz Linard. Die Markierung führt von unserem höchsten Punkt östlich über den Blockgrat nach wenigen Minuten hinab zur Fuorcla da Barcli. Von hier kommen wir schließlich auf einem spärlichen Weg hinab zur Seenplatte.
Der schönste Platz ist zweifellos am Südufer des Lai Grond. Er ist zugleich der nördlichste und einer der größten aller Macunseen. Man erreicht ihn vom Hauptweg in etwa zwanzig Minuten. Dann nimmt uns das zuerst steile Val Zeznina auf. Ein Serpentinenweg bringt uns hinunter zur Alp Zeznina Dadaint (2 Stunden vom Grat), zu der 1983 leider eine Fahrstraße gebaut wurde. Auf dieser nördlich hinaus durch schönen Wald zur Alp Zeznina Dadora (½ Stunde) und weiter durch dichten Wald hinab nach Lavin (1 Stunde) im Haupttal.

Führer/Karten

Bester Wanderführer: »Schweizer Wanderbuch: Unterengadin« mit 35 beschriebenen Wanderwegen und 7 Fernwanderungen, Profile, Kartenskizzen, Fotos; Verlag Kümmerly + Frey, Bern. Für spezielle Kunstfreunde, die sich besonders in den Dörfern genau umsehen wollen: Band »Graubünden« der Reihe »Unbekannte Schweiz«, 250 Kunstdruckseiten mit zahlreichen Abbildungen und 42 Reisevorschlägen; herausgegeben vom Touring-Club der Schweiz.
Man braucht zwei Karten: Als erstklassige Übersichtskarte das Blatt »Flüelapaß« (Nr. 39) 1:100 000; dazu die »Wanderkarte mit Skirouten und Loipen Unterengadin – Samnaun – Nationalpark – Val Müstair« 1:50 000 (Kümmerly + Frey, Bern 1987).

Fernwanderungen

Wenn ein Bergfreund »Talwanderwege« liest, dann schaut er meist gelangweilt zur Seite. Sicher, die Routen sind an keiner Stelle schwierig oder gefährlich und können auch von bergungeübten Wanderfreunden begangen werden. Dennoch wird jeder, der diese Wanderungen hinter sich gebracht hat, begeistert sein, auch wenn keine Gipfel erreicht werden.
Für beide Routen sollte man, ganz gemütlich gerechnet, drei Tage einplanen. Als Renner wird man die beiden Fernwanderungen freilich auch in zwei Tagen hinter sich bringen. Als Genießer wird es einem je Route auch am vierten oder fünften Tag nicht langweilig.
Die Wanderungen kann man beliebig beginnen und abbrechen, wann und wo man will; schnell ist man dank guter Busverbindungen oder der Rhätischen Bahn wieder an seinem Ferienstützpunkt zwischen Martina und Zernez. Man braucht nur die Wanderkarte 1:50 000 »Unterengadin«, und schon kann man losmarschieren. Wer das Detail liebt, dazu Geschichte, Kunst und Kultur kennenlernen will, wird an den beiden empfohlenen Führern (siehe »Führer/Karten«, S. 100) nicht vorbeikommen, außerdem kann man sich mit ihnen auch noch weitere hübsche Programme zusammenstellen – sie sind wahre Fundgruben für mehrere Unterengadin-Ferien.

Fernwanderung 1:
Terrassenwanderung links des Inns von Lavin nach Martina

1. Tag: Lavin (1412 m) – Guarda (1653 m, 4 km, 1½ Stunden) – Bos-cha (1664 m, 1,5 km, 30 Minuten) – Ardez (1464 m, 3 km, 1 Stunde) – Ftan (1633 m, 6 km, 1½ Stunden); 14,5 km, 4½ Stunden

Lavin liegt im Haupttal, fast genau in der Mitte zwischen Ardez und Zernez, 16 km talaufwärts von Scuol. Die Wanderung verläuft entlang der sonnigen Südhänge und Terrassen der linken Talseite und ist besonders lohnenswert, da man neben einer großartigen Landschaft auch noch wunderschöne Dörfer kennenlernt. Östlich der kleinen Kirche (Fresken aus dem 15. Jh.) von Lavin schlägt man die uralte Fahrstraße hinauf nach Guarda ein. Nach etwa einem Kilometer kommen wir nach Gonda, einer Art Pompeji der Alpen, denn hier hatte es bis ins 16. Jahrhundert das Dorf Gonda mit etwa 30 Häusern gegeben. Nach einem großen Lawinenunglück (1778) war Gonda endgültig verlassen worden. Die berüchtigte Gonda-Lawine ist heute noch gefürchtet. Anfang der achtziger Jahre ist eine Interessengemeinschaft für die Ausgrabung des alten Dorfes gebildet worden. Einige Arbeiten sind bereits abgeschlossen. Nach 1½ Stunden erreichen wir Guarda. Hier sollte unbedingt eine Rast eingelegt werden, um die Schönheit dieses Dorfes zu erleben und den herrlichen Blick auf die Engadiner Dolomiten von dieser Sonnenterrasse zu genießen. Am Ostrand des Dorfes führt unser Fahrweg dann weiter durch schönen Lärchenwald in die große Wiesenmulde Auasegna, der Name eines kleinen Dorfes, das bis 1621 existiert hatte und von den Österreichern vernichtet wurde. Am Wegrand liegen die Überreste einer alten Mühle, die 1951 von einer Lawine zerstört wurde.

Wenig später kommen wir nach Bos-cha, einem kleinen Weiler der Gemeinde Ardez. Wenige Meter östlich der Siedlung verlassen wir den Fahrweg nach links und wandern auf einem ideal angelegten Weg oberhalb der Fahrstraße in Richtung Ardez. Nachdem wir das Bächlein im Val Prauost überquert haben, erreichen wir wenig später eine Weggabelung, an der wir nach rechts abbiegen und über die Wiesen von Pradasura wieder auf die Fahrstraße kommen. Wenige Meter zurück sind neben der Fahrstraße (Pt. 1570) zwei nackte Steinplatten mit zahlreichen Vertiefungen zu sehen. Diese Schalensteine waren Stätten vorchristlicher Götterverehrung und werden von den Einheimischen daher auch Hexenplatten (Plattas da las strias) genannt (siehe S. 61). Auf der Fahrstraße erreichen wir nach zehn Minuten Ardez.

Dem Dorf Ardez müssen wir mindestens eine weitere Stunde widmen, denn es gehört zu den schönsten Dörfern der ganzen Alpen. In Ardez gibt es vermutlich die meisten stilreinen Engadiner Häuser des Tales. Wir verlassen dann Ardez auf der Fahrstraße in Richtung Ftan, biegen aber am Ortsausgang nach links ab. Der Weg führt uns leicht ansteigend über die Wiesenhänge von Strada zu der Ruine von Chanoua. Durch eine Engstelle zwischen dem Talhang und einer auffallenden Felskuppe biegt der Weg ins Val Tasna ein, und wir stoßen wieder auf die Fahrstraße. Auf ihr gelangen wir nach Ftan. Wir haben noch genügend Zeit, um einen Rundgang durch die beiden Ortsteile Ftan Grond und Ftan Pitschen, wo es die meisten schönen Häuser gibt, zu machen, und die über 400 Jahre alte Mühle 700 Meter südwestlich unterhalb von Ftan zu besichtigen.

2. Tag: Ftan – Motta Naluns (2146 m, 4 km, 2 Stunden) – Sent (1430 m, 7 km, 2½ Stunden); 11 km, 4½ Stunden

Von Ftan Pitschen gehen wir auf einem schmalen Fahrweg nordöstlich hinauf zur Bergstation der Motta-Naluns-Gondelbahnen von Scuol. Diesen Aufstieg kann man sich allerdings auch sparen und von Ftan den Sessellift nach Prui nehmen. Von dort führt uns leicht ansteigend ein breiter Weg in einer halben Stunde nach Motta Naluns. Ab hier verläuft die Route bis Tschlin auf dem Panorama-Höhenweg, der separat ausführlich beschrieben ist. Im folgenden reichen daher Stichwörter. Von Motta Naluns nördlich hinauf, rechts unterhalb der Nalunshütte vorbei, hinab nach Jonvrai (2200 m, Skiliftstationen). Über den Clozza-Bach, dann zuerst südlich, später südöstlich zum Hof Vastur und weiter hinab nach Sent, dessen Architektur (Senter Barockgiebel) uns ein eindrückliches Bild vermittelt. Nach Scuol zurück mit dem Bus oder in gemütlichen 45 Minuten auf dem schönen Wanderweg über Chauennas.

3. Tag: Sent – Kurhaus Sinestra (1524 m, 6 km, 1½ Stunden) – Vnà (1602 m, 3 km, ½ Stunde) – Tschlin (1533 m, 7 km, 2 Stunden) – Martina (1080 m, 5 km, 1 Stunde); 21 km, 5 Stunden

Von Sent auf dem Fahrweg durch schattige Wälder ins Val Sinestra zum ehemaligen Kurhaus Sinestra (Arsenquelle). Über die Branclabrücke und die linke Talseite zum Dörfchen Vnà, das wie ein Schwalbennest am Hang klebt (besuchenswerte Kirche). Östlich durch den Wald zu Pt. 1696 und zur Weggabelung. Links weiter an den Chilchèrashütten (1701 m) vorbei ins Val Ruinains und östlich nach Tschlin, der einstigen Kornkammer des Tals. In gleicher Richtung weiter, über Pra Grond nach Mot und schließlich in weiten Kehren hinab nach Martina. Gleich neben der Zollstation sind Hotel und Kiosk, um sich zu stärken. Mit dem Bus wieder zurück zum Ausgangsort.

Fernwanderung 2:
Talwanderung rechts des Inns von Zernez nach Martina

1. Tag: Zernez (1473 m) – Clüs (1684 m, 2 km, 45 Minuten) – Susch (1426 m, 4 km, 1 Stunde) – Lavin (1412 m, 4 km, 1 Stunde) – Sur En/Ardez (1469 m, 5 km, 1½ Stunden) – Ardez (1432 m, 3 km, 1 Stunde); 18 km, 5–5½ Stunden

Zernez ist wichtiger Verkehrsknotenpunkt (Straße zum Ofenpaß) und das »Tor zum Schweizer Nationalpark«, denn am östlichen Dorfausgang befindet sich das Nationalpark-Haus als Informationszentrum.
Der Weg beginnt am nördlichen Dorfrand (Wegtafel Richtung Clüs – Susch) und bringt uns leicht aufsteigend in den Clüs-Sattel (Clüs = Klause, Talenge), über den in grauer Vorzeit der Inn seinen Lauf genommen hat. Durch urigen Wald Abstieg bis zum Talgrund, der sich in Richtung Susch wieder etwas weitet. Wenn Sie jetzt Ihren Kreislauf auch noch durch eine Gruseleinlage in Schwung bringen wollen, dann gehen Sie auf dem Talweg ein paar Minuten innaufwärts zum Zernezer Galgen im God da la Güstizia (Wald der Justiz), dessen zwei weiße Mauersäulen nicht zu übersehen sind. Ein alte Chronik berichtet über die Richtstätte: »In der Nähe des Galgens soll sich ein großer, flacher Stein befinden. Auf diesem wurden den Mördern und Dieben die Köpfe abgeschlagen.«
In den Gesetzen der damaligen Zeit wurde festgehalten, daß alle Diebe, Mörder und andere schwere Verbrecher gerichtet und getötet werden müssen, außer jemand, der einem Juden etwas gestohlen hatte – diejenigen mußten die gestohlenen Güter doppelt zurückgeben, und damit war die Sache erledigt. Die Straßenmörder waren zu köpfen. Frauen, welche als Hexen galten, wurden entweder lebendig begraben oder auf dem Rad gestreckt und langsam getötet. Ebenfalls lebendig begraben und im Grab noch gepfählt wurden Frauen, welche aus Schande ihre unehelich oder außerehelich geborenen Kinder verschwinden ließen. Ihre Güter gingen an die Gemeinden über.
Während dieser Tage (Mai 1616) wurden folgende Personen aus Susch aufgehängt: Der Mörder Nuot da Bart, Jon Tina da Staschia, Peider, Pitschen, Luzi Gisep, Luzi da Cla und Jachen da Clawuot wurden durch das Rad hingerichtet. Heute sind die Engadiner freilich friedliche Leute.
Nach dieser makabren Einlage sind wir in einer halben Stunde in Susch (2 Stunden von Zernez). Dort zweigt die Flüelapaßstraße ab. In diesem Dorf haben gleich drei schwere Großbrände gewütet: 1875, 1900 und 1925. Aber die traditionsbewußten Suscher haben ihre Häuser wieder im alten Engadiner Stil errichtet; die schönsten sind auf der rechten Innseite, geduckt an den großen, talsperrenden Hügel, auf dem die spärlichen Überreste der Fortezza Chaschinas dahinkümmern.
Im Hauptdorf ist es leider laut, und das Überqueren der Straße ist für die verkehrsgepeinigten Suscher oft ein ärgerliches Problem. Am unteren Dorfausgang stößt man auf der rechten Innseite auf eine Wegtafel Richtung Lavin, das wir nach einer gemütlichen Stunde erreichen, immer entlang des Inns. In Lavin hatte der große Brand schon 1869 gewütet, 68 Häuser samt Ställen waren ihm zum Opfer gefallen. Einige wenige hübsche Häuser können noch bewundert werden, vor allem die Chasa pitschna von 1717 etwas abseits des Dorfes auf der rechten Innseite. Der Bau ist erst in den letzten Jahren liebevoll renoviert worden, mit einzigartigem Sgraffitoschmuck. Und Lavin dürfen wir natürlich nicht verlassen, ohne die kleine Kirche (1500–1510) besucht zu haben mit ihren ungewöhnlichen Tempera-Malereien, die erst 1956 entdeckt und kunstvoll freigelegt wurden. Im Deckengewölbe das Bild Christi als Weltenherrscher mit dem »Dreigesicht«: vier Augen, drei Münder, drei Nasen, Symbolisierung der Dreifaltigkeit.
Dann bringt uns ein hübscher Spazierweg auf der rechten Talseite zu dem kleinen Weiler Sur En/Ardez (= Über dem Inn; »auf der anderen Inn-Seite«, von Ardez aus betrachtet); einige sehr schöne Häuser, aber keines dient mehr der Landwirtschaft. Wenig später kommen wir zur steinernen Inn-Brücke und steigen zuletzt hinauf nach Ardez.

2. Tag: Ardez – Hof (1401 m, 1 Stunde) – Tarasp-Funtana (1402 m, 7 km, 2 Stunden) – Schwarzsee (1544 m, 45 Minuten) – Avrona (1449 m, 15 Minuten) – Clemgiaschlucht – Scuol (1240 m, 7 km, 1½ Stunden); 14 km, 5–5½ Stunden

Wir gehen von der Ardezer Eisenbahnstation auf dem schmalen Weg hinab zu einer Hängebrücke über dem Inn und über diese auf die rechte Innseite. Aufstieg

Auf der Wanderung durch das Val Mingèr im Schweizer Nationalpark sieht man nach Erreichen des Übergangs Il Foss plötzlich den Piz Plavna Dadaint aus dem Val Plavna aufragen; man nennt ihn auch das »Tarasper Matterhorn«. ▷

zum einsamen Anwesen Hof und auf breitem Weg über die Weiler Aschèra und Vallatscha nach Tarasp-Funtana am Tarasper See und zu Füßen des mächtigen Schlosses. Vom südlichen Dorfausgang hinauf zum Schwarzsee Lai Nair in seiner romantischen Umgebung, Abstieg über Avrona in die wilde Clemgiaschlucht und durch diese nach Scuol.

3. Tag: Scuol – Sur En/Sent (1124 m, 6 km, 1½ Stunden) – San Niclà (1063 m) – Strada (1072 m, 9 km, 2 Stunden) – Martina (1035 m, 4 km, 1 Stunde); 19 km, 4½–5 Stunden

Der dritte und letzte Tag bringt uns einen romantischen Ausklang durch viel Wald entlang des rechten Inn-Ufers, das wir vom Unterdorf Scuol über eine der vier Brücken erreichen. Über den kleinen Weiler Pradella, am Kraftwerk vorbei, nach Sur En/Sent am Ausgang des herrlichen Val d'Uina. Es folgen die Weiler Raschvella und San Niclà.

Die kleine Kapelle in San Niclà aus dem 12. Jahrhundert ist nach den Wirren der Reformation in ein Wohnhaus verwandelt worden. Vor kurzer Zeit aber bildete sich die Interessengemeinschaft »Pro San Niclà«, die das zwischendurch zweckentfremdete Gotteshaus wieder zu neuem Glanz gebracht hat.

Gleich sind wir in Strada, dem man ebenfalls eine Umgehungsstraße wünscht, und nach einer Stunde auf der linken Talseite (oberhalb der Straße) in Martina.

Panorama-Höhenweg Unterengadin

60 Kilometer Wanderglück auf der Sonnenseite

Der 60 km lange Panorama-Höhenweg von Lavin bis Vinadi feierte in diesem Buch seine Weltpremiere. Noch nie wurde er zusammenhängend beschrieben, und selbst die meisten Einheimischen kennen nur einzelne Wegstücke. Verschiedene Strecken sind freilich schon Jahrhunderte alt. Aber entscheidende Verbindungsabschnitte wurden erst 1975 fertiggestellt. Dieser Traumweg ist ein Werk der Schweizerischen Arbeitsgemeinschaft für Wanderwege (SAW, gegründet 1934) und ihrer Sektion Bündner Arbeitsgemeinschaft für Wanderwege (BAW, gegründet am 26. 1. 1944, Sitz Chur), deren Wegweiser wir immer wieder antreffen. Beschrieben wurde der Panorama-Höhenweg von meinem Freund Balser Biert in Scuol, der seit 1960 die größte der drei BAW-Regionen des Unterengadins betreut und den Weg wie kaum ein anderer kennt.

Die Wanderung kann von Anfang Juli bis Ende Oktober gemacht werden, am schönsten ist sie bestimmt im September und Oktober, wenn das ganze Tal in seinen zauberhaften Herbstfarben leuchtet. Die Wanderung ist absolut ungefährlich, kann von jedermann unternommen werden. Wir kommen durch acht Gemeindegebiete, berühren drei Dörfer, lernen vier große Hochtäler und viele Alpen kennen. Seit 1977 ist der Höhenweg einheitlich und durchgehend mit »Panorama«-Wegtafeln gekennzeichnet. Im Wandergebiet leben Gemse, Murmeltier, Reh, Hirsch, Birkhahn und Adler. Kein Wort über die Flora – sie ist ungewöhnlich reich. Und der Panorama-Höhenweg gehört zweifellos zu den schönsten Wanderungen der Alpen.

Alle Angaben beziehen sich auf die Schweizer Landeskarte 1:25 000, Blätter 1198 Silvretta, 1199 Scuol und 1179 Samnaun, wobei zu beachten ist, daß einzelne Strecken des Wanderweges Neubauten sind und daher auf den Kartenblättern noch nicht nachgetragen wurden.

Die Panorama-Höhenwanderung hoch oben längs der Sonnenseite des Unterengadins bietet, auf fünf bis sechs Tage aufgeteilt, wohl eines der eindruckvollsten Wandererlebnisse überhaupt. Der Wechsel von ebenen, in weiter, offener Landschaft dahinziehenden Wegen zu steilen, in tiefe Schluchten einbiegenden Steigen verleiht dieser Wanderung einen ganz besonderen Reiz. Dazu kommen noch

die bekanntlich sehr geringe Niederschlagsmenge des Unterengadins,
die überdurchschnittlich hohe Sonnenscheinerwartung,
der für diese Höhenlage verhältnismäßig früh einsetzende Frühling,
der lange und milde Herbst und die
85% windstillen Tage,

alles Faktoren, die das Wandern erst richtig schön machen.

Man lasse sich weder durch die 60 km lange Strecke noch durch die großen Auf- und Abstiege beeindrukken: Die Wanderung kann beliebig oft unterbrochen werden, um in einem Dorf zu übernachten (die Zim-

Panorama–Höhenweg Unterengadin
Spassegiada da panorama Engiadina bassa

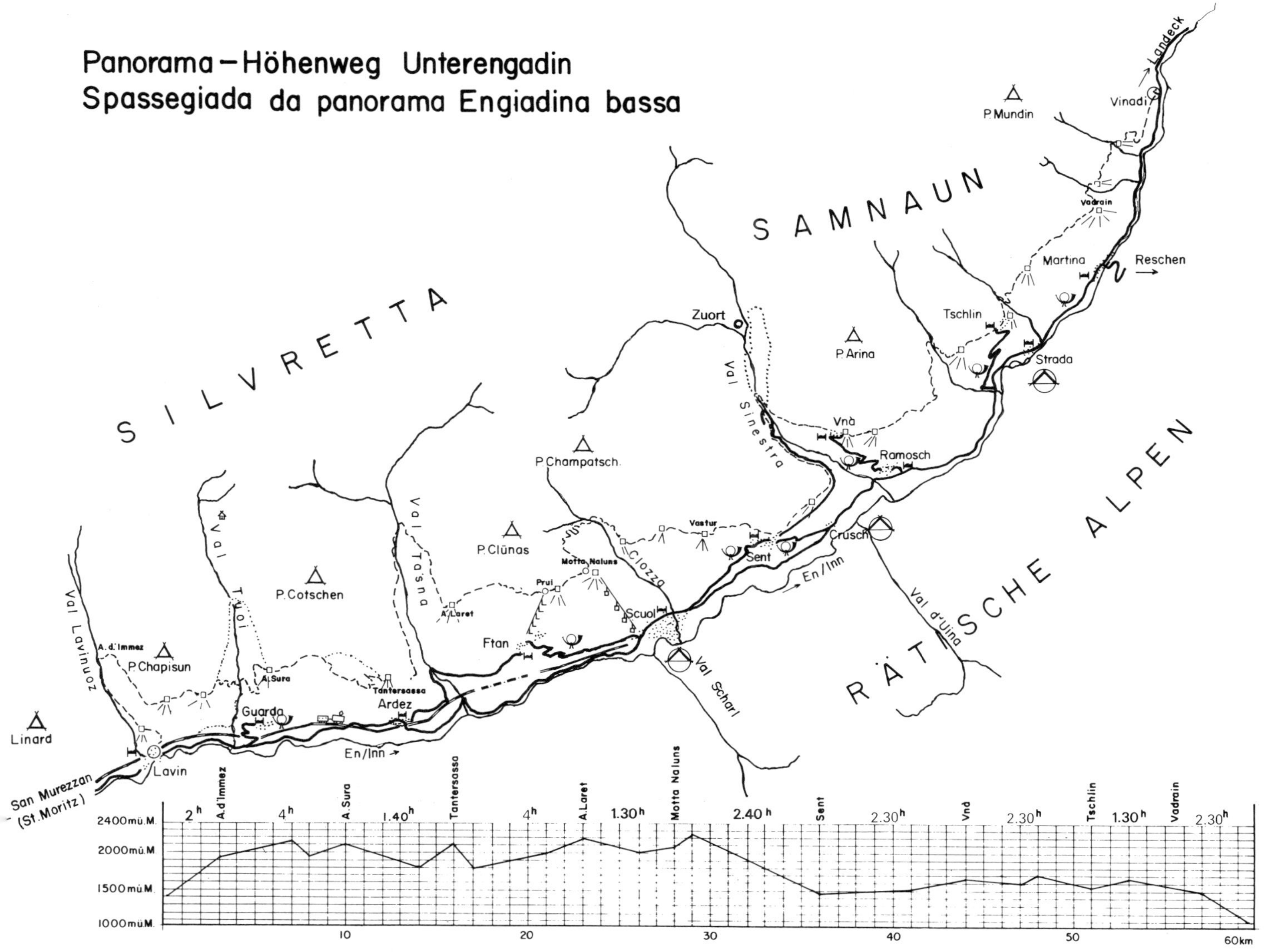

Übersicht der Panorama-Höhenwanderung von Lavin nach Vinadi mit Hauptroute (------) und Varianten (........), besonders lohnenden Aussichtspunkten (◯), Nächtigungsmöglichkeiten (Bett) und Verkehrsverbindungen der PTT-Busse (Posthorn).

mer sollten – besonders im Hochsommer – rechtzeitig vorbestellt werden). Übrigens kann man auch täglich zum bereits bezogenen Ferienort zurückfahren: Lavin, Ardez und Scuol haben Bahnverbindung, ab Guarda, Ftan, Sent, Vnà, Tschlin und Vinadi verkehren Postautos; von Prui oder Motta Naluns führen ein Sessellift bzw. eine Seilbahn ins Tal.

Nach all diesen guten Vorzeichen können wir also unsere Wanderung mit gutem Gewissen beginnen. Die im folgenden vorgeschlagenen Tagesetappen können beliebig verändert werden. Wichtig ist nur, sich genügend Zeit zu nehmen, um alles richtig zu genießen. Dann zählt man am Ende sicherlich zu den glücklichsten Wanderern, die das Unterengadin gesehen haben.

1. Tag: Lavin – Alp d'Immez (1952 m) – Guarda (1653 m); 8 km, 5½–6 Stunden

Lavin wurde wurde 1869 durch eine Feuersbrunst zur Hälfte zerstört. Leider kannte man damals noch keine Bauordnung, und scheinbar waren auch die damaligen Baumeister nicht sonderlich heimatkundlich eingestellt, so daß Lavin heute, ähnlich wie Zernez und Ramosch, wenige charakteristische Engadiner Häuser aufweist.

Beim östlichen Dorfausgang, nahe der schlichten weißen Kirche, wo 1956 wertvolle Fresken freigelegt wurden, steigen wir gleich zu Beginn ziemlich steil 300 m hoch bis Charnadüras (P. 1731.6), um dann die restlichen 2 km über Alp Dadoura bis Alp d'Immez (1952 m) mit nur 200 m Höhenunterschied bedeutend gemütlicher hinter uns zu bringen.

Während der kurzen Rast können wir die wilden, steilen, rund 1500 m hohen Ostwände des Piz Linard bewundern. Es ist der höchste Gipfel des Unterengadins und soll bereits 1700 von Pfarrer Jon Clos Zadrell aus Lavin erstmals bestiegen worden sein; erste touristische (nachgewiesene) Besteigung 1835 durch Oswald Heer. Der Volksmund will aber wissen, daß ein gewisser Chuonhard aus Lavin den Berg 1450 erstmals bezwungen und auf dem Gipfel ein goldenes Kreuz aufgestellt habe.

Von der Alp d'Immez steigen wir zunächst 200 m in Richtung Piz Chapisun steil bergan, laufen dann auf mehr oder weniger gleicher Höhe weiter und queren bei P. 2195.1 die eindrucksvolle, fast 800 m hohe Südflanke der Muott'Auta. Hier donnern in schneereichen Wintern riesige Lawinen zu Tal, die bis zum rechtsufrigen Waldansatz vorstoßen und den Durchgangsverkehr für mehrere Tage völlig lahmlegen können. So wurde 1578 der Weiler Gonda – er zählte damals rund 30 Häuser – durch die gleichnamige Lawine vollständig zerstört. Von unserem Standpunkt aus können die wenigen Überreste weit unten bei P. 1568 auf dem Feldweg von Lavin nach Guarda erkannt werden.

Nach dieser fast schwindelerregenden Durchquerung der südlichen Chapisun-Flanke erreichen wir die Chamanna dal Bescher (2158 m), eine kleine Sennhütte, und steigen dann tief zum Plan da Pors im Val Tuoi hinab (P. 1798). (Wer den Aufstieg über Alp d'Immez–Chapisun umgehen möchte, kann auch von Lavin aus auf dem Feldweg nach Guarda direkt bis hierher gelangen.) Die normale Route führt nun über La Clozza nach Clüs (P. 1819.7). Je nach Lust und Laune kann die Wanderung hier unterbrochen werden. Man steigt dann nach Guarda ab und kann dort übernachten.

Wenn man zeitlich noch »gut im Rennen« liegt, sollte man unbedingt die Variante über Chamanna dal Bescher – A. Belvair – Aua da Champatsch – Alp Suot (2018 m) – Funtana dals Tofs zur Era Veglia nach Alp Sura wählen (markiert). Der einstündige Abstecher in das weidenreiche Val Tuoi (Eingang zum Silvretta-Hauptkamm) lohnt sich.

Guarda ist ein Prunkstück unter den Engadiner Dörfern. Wenn man mit offenen Augen durch die stillen Gassen streift, kommt man sich vor wie in einem Märchen. Die mit Sgraffito geschmückten Häuser und die hölzernen Rundbrunnen sind die Heimat des Schellenursli!

2. Tag: Guarda – Alp Sura (2119 m) – Munt (1860 m) – Ardez (1464 m); 9 km, 3 Stunden

Von Guarda steigen wir wieder zurück hinauf nach Clüs und auf dem hier rechts abzweigenden Weg zur Alp Sura.

Von hier wandern wir in östlicher Richtung und erreichen bereits nach 500 m Plans Mier (2182 m), wo sich der riesige Kessel des Piz Cotschen auftut. Zwischen den rundbuckeligen Moränen und haushohen Blökken ehemaliger Bergstürze liegen zwei kleine Berg-

seen, die Weiden der Ardezer Alpen Murtera Dadoura und Murtera Dadaint und die neu ausgebaute Alp Maranguns. Nordöstlich erkennt man noch auf einer Kuppe bei P. 2476 die kleine Chamanna Cler (Ski-Hütte des Ski Club Ardez). Wie schön es auch dort oben wäre, wir müssen uns an den Wanderweg halten, der von Plans Mier auf gleicher Höhe zur Alp Murtera Dadoura führt, um dann entweder über Murtera Dadaint (gestrichelte Variante) und Mundaditsch zum eindrucksvollen Aussichtspunkt von Tanter Sassa (P. 2145) oder direkt über Munt zu den Maiensässen von Ardez zu gelangen. Von hier können wir in einer knappen halben Stunde nach Ardez absteigen, um die Wanderung zu unterbrechen und zu übernachten (Auskunft im Verkehrsverein, Tel. 084-92330). Achtung: Das ganze Gebiet steht unter Pflanzenschutz!
Ab Munt führt ein Fahrweg nach Pradasura hinunter, wo wir dann links nach Clüs hochsteigen.
Der Blick auf Ardez, das 1975 zu den erhaltenswürdigsten Dörfern der Schweiz gezählt wurde, ist beeindruckend. Die Häuser drängen sich um die schlanke und einzige größere Renaissance-Kirche des Engadins (1576). Hinter der Burgruine Steinsberg (12. Jh.) breitet sich die merkwürdige, einst von Gletschern geformte Landschaft aus, wo zwischen senkrecht abfallenden, turmhohen Wänden märchenhafte Wiesen liegen. Die vom Aussichtspunkt Tantersassa niederstürzenden Schneemassen haben oft verwüstende Lawinen bis in die Dorfgassen vorgetrieben. Die vor einigen Jahren erstellten kühnen Verbauungen rundherum sollen nun die größte Gefahr bannen.

3. Tag: Ardez – Clüs (1743 m) – Alp Laret (2206 m) – Ftan (1633 m); 8 km, 3½ Stunden

Von Ardez geht es nördlich hinauf, um bei Clüs wieder den Originalweg zu erreichen.
In Clüs halten wir nach links (Norden), biegen in das anmutige, hinten weit ausholende Val Tasna hinein, erreichen nach geringem Aufstieg die alte Schafalp gleichen Namens (1897 m) und anschließend über Las Miranas und Graschitsch die im hinteren Talende kurz vor der großen Talgabelung liegende Alp Valmala (1979 m).
Der folgende Aufstieg beginnt gleich neben der Alp und führt über Muot da la Sella (2118.5 m), sanft ansteigend, zur Alp Laret (2206 m), einer der schönstgelegenen und bestens ausgebauten Alpen im ganzen Umkreis.
Die Fortsetzung unserer Wanderung finden wir einige Meter hinter der Alp nördlich (Wegweiser). Der guten Markierung folgend, biegen wir sogleich nach rechts ab und in den Weg, der westlich die große Geröllhalde Era da Jals durchquert und die Talstation einer Transportbahn für Lawinenverbauungen erreicht. Vor einigen Jahren sind die Ftaner noch großen Lawinengefahren ausgesetzt gewesen, bis es ihnen dank großzügiger Subventionen ermöglicht wurde, praktisch den ganzen Südhang des Piz Clünas durch Verbauungen zu sichern.
Aus der Fülle der Wegweiser, die bei der Talstation der Transportbahn und auch einige Meter weiter südlich bei P. 2135 vorhanden sind, suchen wir uns diejenigen nach Prui. Es ist die Bergstation des Sessellifts Ftan und befindet sich nur 15 Minuten weiter westlich am unteren Wegrand. Hier können wir unsere Wanderung unterbrechen und in Ftan übernachten (Auskunft im Verkehrsverein, Tel. 084-90557).
Das Dorf selbst ist in Ftan Grond und Ftan Pitschen gegliedert (Groß- und Klein-Ftan). Während Ftan Pitschen seine typischen, in jüngster Zeit prächtig renovierten Engadiner Häuser bewahrt hat, sind in Ftan Grond im letzten Jahrhundert leider einige Bauten entstanden, die das gesamte Dorfbild in keiner Weise verschönern. Zum Teil wird dies wohl den großen Dorfbränden zuzuschreiben sein, die von 1723–1885 gleich viermal wüteten. Dazu kommt noch die große Lawine von 1720, die das halbe Dorf unter sich begrub. Ein Unikum ganz besonderer Art ist wohl der Kirchturm. Er steht schmollend rund 20 m abseits der 1632 erbauten Kirche auf einem währschaften Granitblock und ist trotzdem ein wenig geneigt. Ob das eine Folge des gleitenden Gipses unter dem Granitblock ist oder vielleicht Reue wegen der »Distanzierung« zur Kirche, bleibe dahingestellt.

4. Tag: Ftan – Motta Naluns (2146 m) – Sent (1430 m); 10 km, 3½–4 Stunden

Von Ftan geht es mit dem Sessellift wieder nach Prui, um dann auf dem breiten Fahrweg zur Motta Naluns hinauszulaufen (bitte Wegweiser beachten). Hier befinden sich die Bergstation der Motta-Naluns-Seil-

Oben links: Frauenschuh (Zypripedium). Oben rechts: Silberdistel (Carlina acaulis). Unten links: Erika (Calluna vulgaris). Unten rechts: Alpenveilchen (Cyclamen).

bahn und zwei Bergrestaurants. Bei guten Wetterbedingungen sieht man hier auch Deltapiloten ins Tal starten. Achtung: Das ganze Gebiet steht unter Pflanzenschutz!

Es lohnt sich, bis zum Aussichtspunkt am südlichen Rand des Plateaus der Motta Naluns hinauszugehen: Der Blick auf die gegenüberliegenden Berge und das breite Tal hinunter ist wunderbar. In der gegenüberliegenden Bergkette öffnen sich rechts das Val Plavna, in der Mitte das Val S-charl und links das Val d'Uina, flankiert vom Piz Nair, der Pisocgruppe, des Piz San Jon, Piz Lischana, Piz Ajüz und Piz S-chalambert, alle von einem glattgeschliffenen Buckel vorgelagert, der, ähnlich der Motta Naluns selber, vom einstigen Inngletscher geformt wurde. Unter der Pisocgruppe liegt das Dorf Funtana mit seinen sechs Fraktionen und dem stolzen Schloß Tarasp, das Ulrich von Tarasp im Jahre 1040 erbauen ließ. Links davon sieht man die bekannten Hotels von Vulpera. Am Ausgang des tief eingeschnittenen Val S-charl liegt das Dorf Scuol.

Die Gegend hier ist nicht nur im Sommer attraktiv: In Scuol sind die Heilbäder auch im Winter offen, und daß die Hänge um Prui und Motta Naluns auch den verwöhntesten Skifahrer begeistern, davon können wir uns hier oben überzeugen.

Ähnlich dem Schloß Tarasp, thront auch die Kirche von Scuol auf einem hohen Felsen. Sie wurde 1516 erbaut. Während der Turm selber aus dem 12. oder 13. Jahrhundert stammt, hat man bei Grabungen auf dem Kirchhügel Trockensteinmauern aus der Zeit von 700–1500 v. Chr. freilegen können. Das Dorf ist, besonders seiner Engadiner Häuser wegen, eine Besichtigung wert, doch würde es den Rahmen unserer Beschreibung sprengen, hier noch weiter auf Einzelheiten einzugehen. Wir begnügen uns deshalb mit dem auf die Dorfgeschichte gezielten Ausspruch Sererhards: »... in Summa, das Nest wäre in allweg gut, wenn etwas zahmere Vögel darin nisteten!« (Damit hat Sererhard eine wohl nicht nur für damalige Zeit gültige Feststellung gemacht!)

Wenn wir uns das »Nest« und dessen »Vögel« etwas genauer anschauen wollen, können wir auf der Motta Naluns unsere Wanderung unterbrechen und mit der Seilbahn in 15 Minuten ins Tal fahren (letzte Talfahrt 16.30 Uhr, in der Hauptsaison 17.00 Uhr).

Nach dem Aufenthalt steigen wir von der Bergstation rechts der Skilifte auf einer breiten Fahrstraße nördlich weiter zum Bergrücken, rund 300 m westlich des von weitem sichtbaren Skihauses Naluns; bitte Wegweiser ganz genau beachten! (Nahziel: Jonvrai, Fernziel: Sent) Und nochmals Achtung: Das ganze Gebiet steht unter Pflanzenschutz!

Beim Bergrücken rechts des Skihauses Naluns haben wir den höchsten Punkt unserer Wanderung erreicht und biegen rechts in den Fahrweg nach Jonvrai ein, der steil abwärts zu den Talstationen der Skilifte »Clünas« und »Mot da Ri« führt (auf der alten Landeskarte 1:25 000 ist dieser Fahrweg noch nicht eingetragen). Im Kessel von Jonvrai angekommen, überqueren wir das Bächlein Val Ruschna nicht, sondern halten uns bei P. 2158 immer rechts (Osten) davon an den markierten Pfad. Bei der Einmündung des Val Ruschna in den Clozza-Bach (unterirdische Wasserfassung) bleiben wir immer noch rechts davon auf dem alten Bergweg und biegen erst rund 350 m weiter unten nach links über die Clozza (gut sichtbarer Steg mit Geländer). Hier folgen wir dem auf ebener Höhe verlaufenden Pfad über P. 2035 nach Crastàta, biegen dann, leicht abwärts haltend, nach links ab, durchqueren die Weiden von Salez bis zur alten Bergstraße (alles markiert), biegen dann auf dem Weg nach rechts ab, durchqueren östlich den obersten Waldabschnitt, um dann endgültig durch den Wald abwärts den Hof Vastur (1764 m) zu erreichen.

Auf der kleinen Fahrstraße, die von den Maiensässen bei Mot San Peder herunterführt, gelangen wir nach Sent, das, wie kaum ein anderes Unterengadiner Dorf, nebst vielen Engadiner Häusern noch bestens erhaltene Exemplare mit dem typischen Sentergiebel aufweist (zwiebelförmig geschweift). Wenn man die großen Dorfbrände berücksichtigt, die hier von 1499 bis 1921 gleich siebenmal gewütet haben und dabei insgesamt 250 Häuser einäscherten, ist man erstaunt, nicht mehr Flachdach-Häuser anzutreffen, wie dies beispielsweise in Ramosch und Lavin, oder noch ausgeprägter in Zernez, der Fall ist. Die Kirche wurde um 1490 am südlichen Rand der Terrasse erbaut und 1899 mit einem leider wenig stilechten Turm versehen. Dafür ist die am westlichen Dorfende auf einem kleinen Hügel stehende romanische Kapelle um so stilechter (um 930 erstmals erwähnt).

5. Tag: Sent – Kurhaus Sinestra (1524 m) – Vnà (1602 m) – Tschlin (1533 m); 16 km, 5 Stunden

Der Wegabschnitt von Sent nach Sinestra führt ab Plan da Porchs (P. 1502) erstmals längere Zeit durch schattige Wälder. Plan da Porchs erreichen wir entweder vom östlichen Dorfende links aufwärtshaltend über P. 1488 – Battaglia – Plattas –, oder direkt geradeaus auf der Fahrstraße nach Sinestra. Im Wald angekommen, bleiben wir auf der eigentlichen Fahrstraße bis Sinestra, trotzdem sich ab Chavriz bei P. 1544 links ein anderer Wanderweg anbietet. In dessen Nähe wurde eine breite Straße ins Val Laver gebaut, hoch über Sinestra und Zuort hinweg, auf der man sich gerne verirren und die Fortsetzung ab Sinestra nicht mehr finden könnte.
Seit 1972 ist das Kurhaus Val Sinestra leider nicht mehr in Betrieb. Schade um die fünf wertvollsten Heilquellen der Schweiz! Das gasreiche, wohlschmekkende, eisenhaltige Wasser enthält auch beträchtliche Anteile an Arsen.
In Sinestra selbst überqueren wir beim ersten Gebäude rechts die Brancla, halten uns dann links dem Bachufer entlang etwa 400 Meter aufwärts und biegen entweder nach rechts ab, um über Pradè und Prats nach Vnà zu gelangen, oder wählen die Variante hinauf nach Zuort (Verpflegungsmöglichkeit im gemütlichen Restaurant), um über Griosch und Pra San Pejder nach Vnà zurückzukehren, was zusätzlich 2½ Stunden erfordert. Von den sehr freundlichen und zuvorkommenden Einwohnern abgesehen, ist in Vnà mehr oder weniger alles eigenwillig: die engen Gassen und Winkel, die dem Gelände angepaßten, schmukken Engadiner Häuser und nicht zuletzt die kleine Kirche, die in ihrem Grundriß das wohl unregelmäßigste Gotteshäuschen weit und breit ist. Sie steht an Stelle einer aus dem 11. Jahrhundert stammenden Kapelle und wurde 1963 vorbildlich renoviert. Dabei wurde eine gut erhaltene Freskenmalerei freigelegt: ein Muttergottesbild, flankiert von zwei Märtyrern.
Die Fortsetzung des Wanderweges finden wir im oberen Dorfteil, östlich des einzigen größeren Dorfplatzes. Wir halten uns an die Wegweiser nach Tschlin, zuerst der Straße nach bis P. 1727, dann 200 m geradeaus auf dem alten Alpweg Richtung Discholas. Am Waldrand angekommen, wählen wir den Weg nach rechts, durchqueren den südlichen Teil des Waldes von Tulai und erreichen am Waldausgang die Straßenkehre unterhalb Chant Sura. Hier folgen wir dem Alpweg in nördlicher Richtung aufwärts, überschreiten das Bächlein Guschnai und zweigen kurz darauf nach rechts ab. Auf einem Waldpfad erreichen wir die Alphütten von Chant Dadaint und einen breiteren Weg. Bei Chilchèras führt der Weg nun eben weiter und fällt dann kurz vor dem Val Ruinains plötzlich steil abwärts zum Holzsteg (bitte Wegweiser und Markierung genauestens beachten!).
Vom Steg im Tobel des Val Ruinains wird der Weg über P. 1635 immer breiter und biegt dann beim Waldausgang in einen Feldweg ein, der uns direkt nach Tschlin (1533 m) hinunterführt. Der Ausblick auf die letzten Pfeiler der Münstertaler Alpen mit Piz Lad und Piz S-chalambert oder weit hinunter auf den vom Inn teils tief eingefrästen, teils weit überschwemmten Talboden ist einzigartig. Die sehr schmucken und zum Teil eigenwillig bemalten Engadiner Häuser in Tschlin stehen nicht nur entlang der steilen Durchgangsstraße. Es lohnt sich deshalb besonders, auch den oberen Dorfteil zu besichtigen. Am nordöstlichen Dorfende steht das aus dem 15. Jahrhundert stammende Kirchlein San Plasch – ein wirklich einladendes Gotteshaus. (Wer hier nicht zum Gottesdienst gehen will, dem ist nicht mehr zu helfen!) Auf dem Brunnenstock vor dem Kirchlein steht die in Lärchenholz geschnitzte Heldin Duonna Lupa, die zur Zeit der Schwabenkriege (1499) durch ihre große Geistesgegenwart einen Überfall österreichischer Truppen auf das Dorf vereiteln konnte. Von der einstigen Kirche der Tschliner am östlichen Dorfende ist nach dem Brand von 1856 nur noch der Glockenturm übriggeblieben.

6. Tag: Tschlin – Vinadi (1086 m); 9 km, 4 Stunden

Der letzte Abschnitt unserer Wanderung nach Vinadi ist zum Teil recht beschwerlich. Man tut daher gut daran, nicht zu spät aufzubrechen.
Vom Kirchlein San Plasch weg senkt sich der Weg in den Tobel hinunter, bis zur Brücke Puntsot (1558 m), um dann auf der linken Talseite des Val da Chaflur mit drei Kehren steil aufwärts nach P. 1672 zu führen. Bitte Wegweiser mit Ziel »Vadrain – Vinadi« genau

Oberhalb von Ftan mit Blick auf die Plavna-Gruppe (links) und Nuna-Gruppe (rechts).

beachten. Die Wiesen rundherum beweisen, daß die Tschliner Bauern trotz der steilen Hangfelder südlich des Dorfes hier oben in Pra Grond ihr Heu bedeutend bequemer einbringen als viele Bauern in flacheren Gegenden des Unterengadins.
Bei P. 1672 halten wir nach rechts (Nordosten) und wandern auf dem alten Feldweg weiter durch die Wiesen von Mundaditschas (1718 m) in den Wald Urezzas hinein, erreichen beim Waldausgang die von Martina heraufführende Bergstraße, folgen dieser rund 150 m abwärts, biegen dann nach links wieder in den Weg ein und erreichen kurz darauf die Anhöhe Vadrain unterhalb von P. 1718.5. Es lohnt sich, den Weg um einige Meter nach rechts zu verlassen, um bei der kleinen Baumgruppe die eindrucksvolle Aussicht zu genießen. Die morschen Baumstrünke rundherum sind Überreste eines großen Waldbrandes. In östlicher Richtung erblicken wir die Norbertshöhe, gleich dahinter das aufstrebende Dorf Nauders (Österreich). Die sonderbare Hügellandschaft am Fuße der Piz-Lad-Wände ist, wie unser Standort selber auch, vor vielen Jahrtausenden vom breiten Inn- und Etschgletscher glattgeschliffen worden. Hinter uns, im Nordwesten, sind die Alpen der Gemeinde Tschlin am Fuße des trutzigen Piz Mundin, des Ostpfeilers der Samnaungruppe.
Auf unseren Feldweg zurückgekehrt, wandern wir bis zur Hütte der Waldarbeiter in La Vota weiter (Wegweiser: Pra d'Arsüra – Vinadi), treten durch die Zauntüre in den Wald hinein und gehen in den Tobel des Val Tiatsch hinab (P. 1659). Der Weg verengt sich ab La Vota zusehends zu einem Weglein, das, praktisch immer auf gleicher Höhe verlaufend, über P. 1644, 1627.9 und 1595 die märchenhafte Waldlichtung Pra d'Arsüra erreicht. Die Wanderung ab Vadrain bis hierher ist sehr abwechslungsreich: Wir überspringen lustige Gebirgsbächlein, dringen bald in düstere, bald in lichtere Wälder ein, durchqueren eine Anzahl stei-

Alp d'Immez, zwei Stunden oberhalb von Lavin. Im Hintergrund Chapütschin, Verstanklahorn und Torwache (von links).

ler Lawinenhänge und werfen ab und zu einen Blick über die 650 m hohen Kitzmaiss-Wände nach Nauders hinüber.
Ab Pra d'Arsüra wird die Gegend immer wilder. Der an einigen Stellen recht steil abfallende Weg ist aber ungefährlich. Wir überqueren bei P. 1595 das von den niederstürzenden Lawinen stark zerschundene Val Mundin und erreichen kurz darauf nochmals einen eindrucksvollen Aussichtspunkt mit Blick in die rund 600 m tiefer liegende, wilde Finstermünz- oder Vinadi-Schlucht. Die Staatsgrenze verläuft hier längs des Inns bis außerhalb Vinadi. Bei unserem Aussichtspunkt stand einst ein stolzer Wald, bis 1963 eine mächtige Lawine vom Val Mundin herunter sämtliche Bäume entweder auf 1–2 m Höhe zerschmetterte oder direkt entwurzelte und sie bis in die Schlucht fegte.
Nach diesem Aussichtspunkt steigen wir sehr steil nach links hinunter, schwenken in den God Mundin ein und »bewältigen« bei P. 1425 sogar noch eine »überhängende«, rund 80 m hohe Felswand. Das Glöcklein, das beim Austritt aus der Wand ertönt, ist für diejenigen gedacht, die diese von unten her angehen und hier wachgeläutet werden sollen.
Wenn wir beim Abstieg aus der Felswand einen Blick über das vor uns liegende Val Zipla und dessen Birkenwäldchen werfen, erhalten wir nochmals einen Eindruck von der ungeheuren Wucht der hier zu Tal donnernden Lawinen. Die arg zerzausten, niedergedrückten Birken und die bis zur halben Felswand herauf zerschmetterten Lärchen sind stille Zeugen!
Was jetzt ab Val Zipla folgt, ist nur noch »normales Wandern«: Nach kurzem Abstieg durchstreifen wir das für Unterengadiner Verhältnisse sehr seltene Birkenwäldchen, erreichen die kleine Wiese »Pra da la Zipla« und anschließend eine schmale Fahrstraße, die uns direkt nach Vinadi hinunter führt (Postverbindung mit Martina und Scuol).
Wer die 60-km-Wanderung mit offenen Augen durchlaufen hat und das Unterengadin sozusagen aus der Vogelschau genoß, nimmt ein Wandererlebnis mit nach Hause, das er so schnell nicht vergessen wird.

Panorama-Daten

Strecke	km	Höhen-unter-schied	Gehzeit
Lavin – Alp d'Immez	3	+ 500 m	2 Std.
Alp d'Immez – Chamanna dal Bescher	4	+ 200 m	2 Std.
Chamanna dal Bescher – Val Tuoi	1	– 200 m	1 Std.
Val Tuoi – Alp Sura	2	+ 150 m	1 Std.
Alp Sura – Murtera Dadoura	2	– 100 m	50 Min.
Murtera Dadoura – Tanter Sassa	4	+ 100 m	50 Min.
Tanter Sassa – Munt – Clüs	3	– 300 m	1 Std. 30 Min.
Clüs – Alp Valmala	4	+ 200 m	1 Std.
Alp Valmala – Alp Laret	2	+ 200 m	1 Std. 30 Min.
Alp Laret – Prui	3	– 200 m	1 Std.
Prui – Motta Naluns	2	+ 50 m	30 Min.
Motta Naluns – Schlivera Bergrücken	1	+ 200 m	30 Min.
Schlivera Bergrücken – Jonvrai	1	– 150 m	30 Min.
Jonvrai – Sent	6	– 600 m	1 Std. 40 Min.
Sent – Val Sinestra	5	+ 50 m	1 Std. 30 Min.
Sinestra – Vnà	3	+ 150 m	1 Std.
Vnà – Kehre bei Chant-Sura	2	+ 50 m	40 Min.
Kehre bei Chant-Sura – Chant Dadaint	1	+ 60 m	30 Min.
Chant Dadaint – Val Ruinains	1	– 100 m	30 Min.
Val Ruinains – Tschlin	3	– 150 m	50 Min.
Tschlin – P. 1672	1	+ 100 m	40 Min.
P. 1672 – Vadrain	3	+ 50 m	50 Min.
Vadrain – Vinadi	5	– 600 m	2 Std. 30 Min.
Total ca.	60	+ 2060 m – 2400 m	24 Std. 50 Min.

Bahnverbindungen	ab:	Lavin, Ardez, Scuol
Post/Bahnverbindungen	ab:	Guarda, Ftan, Sent, Vnà, Tschlin, Vinadi
Sessellift	ab:	Prui (Ftan)
Seilbahn	ab:	Motta Naluns (Scuol)

Namenserklärungen zum Panorama-Höhenweg

Ajüz	spitzig, Piz Ajüz
Alp	Alp
Ardez	ard (irisch) = hoch, Ardwetios = die Leute von der hohen Burg (Steinsberg bei Ardez)
Arsüra	ardere = brennen
Auta/Ota/Ata	hohe, hoch, Muott'auta
Bescher	Schafhirte, Chamanna dal Bescher
Belvair	schöne Aussicht
Brancla	branclar = einfassen, umfassen
Chamanna	Hütte
Champatsch	campusaceu = großes Feld
Chant-Sura	chant = Steigung, sura = obere
Chapisun	chapütschun = große Mütze (?)
Charnadüras	charna = eng, enge Gasse
Chilchèras	Kalkofen
Clozza/Cluozza	clotton (gall) = Bodenvertiefung
Clüs	cludere = abschließen, Talabschluß
Crastàta	crasta = Kamm, ata = hoch
Dadaint	innen, innere, Murtera Dadaint
Dadoura	außen, äußere, Murtera Dadoura
Era	Lagerplatz (in der Nähe einer Alphütte)
Ftan	Vettanu (?) Herkunft unklar
Funtana/Fontana	Quelle, Funtana dals Tofs
Gonda	Geröllhalde
Graschitsch	fetter Boden
Grand/Grond	groß, Pra Grond = große Wiese
Guarda	guardia = Wache
Guschnai	vucinetu = Rohr (Wasserleitung)
Jals	Hähne, Era da Jals = Lagerplatz der Birkhähne
Immez	in der Mitte, Alp d'Immez = mittlere Alp
Jon	Johann, Piz San Jon = Berg von Sankt Johann
Jonvrai	juniperus = Wacholderstrauch
Laret	larictum = Lärchenwald

Lavin	labina/lavina = Lawine (?)
Linard	Leonhard, Piz Linard (nach seinem Erstbezwinger?)
Lischana	Leuschana (?) Herkunft unklar
Marangun	oberste Weidenstufe mit kleiner Alphütte
Martina	Personenname
Mier	Plans Mier (?) Herkunft unbekannt
Miranas	murusana = Mauern
Mundaditsch	mundare = roden
Mundin	Mendin (?) Herkunft unbekannt
Munts	Bergwiesen
Muot(ta) Mot(ta)	Hügel
Murtera	mortarium = hochgelegene Weiden, Murtera Dadaint
Nair	schwarz, Piz Nair = der schwarze Berg
Naluns	aqua lone = Wassergräben, Motta Naluns
Pisoc	Herkunft unbekannt, Piz Pisoc
Piz	apiz = spitzig = Berg
Plan	Ebene, Plan dals Pors = Schweineboden
Plasch	Placidum, Personenname, San Plasch
Pors	Schweine, Plan da Pors
Pra	pratum = Wiese
Pracalögna	pratum colonia = Wiesenansammlung
Pradè/Prats	pratum = Wiesen
Prui	pratum vicus = Wiese der Gemeinde
Punt	Brücke, Punt sot = untere Brücke
Ruinas/Ruinains	Rüfe, Geröllhalde, Val da Ruinas
Ruschna	ruschnar = kriechen, rutschen, Val Ruschna
Salez	Salictum = Weidenstrauch
San	sanctus = Sankt, Piz San Jon
S-chalambert	Herkunft unbekannt (Personenname?) Piz S-chalambert
Scuol	scopulus = Felsklippe (Kirchenhügel)
Schlivera	schlavar = auswaschen
Sella	Sattel, Muot da la Sella
Sent	sennos = Saatfeld (?)
Sinestra	sinister = links (das linke Tal)
Suot/Sot	unten, Alp suot = untere Alp
Sura	oben, Alp sura = obere Alp
Tantersassa	tanter = zwischen, sassa = Steine
Tarasp	Terrae asprae = rauhe Erde (?)
Tasna	tassera = Dachs (?)
Tiatscha	tejatscha = große Alphütte
Tofs	Tuffsteine, Funtana dals Tofs
Tschlin	cellinum = gemauertes Gebäude (?)
Tulai	tuletu = Föhre
Tuoi	tugio (gallisch) = Hütte
Uina	ovina (lat.) = Schaf (Schafalp)
Urezza	urets = gegen Norden gelegen, schattig
Vadrain	Herkunft unbekannt
Val	Tal
Valmala	mala = schlechte
Vastur	Herkunft unbekannt
Veglia	alte, Era veglia = alter Lagerplatz
Vinadi	vinum = Wein (Opferwein?)
Vnà	Herkunft unbekannt
Vulpera	vulparia = Fuchsloch
Vota	la vota = die Wende, die Kehre
Zipla	Span (kleine, aus dem Wald gehauene Lichtung), Pra da la Zipla, Val Zipla

(weitere Namenserklärungen siehe Seite 159)

Gipfelziele im Unterengadin

Piz Pisoc, 3173 m

Hoch überm Schloß Tarasp

Die Gipfel der wildgezackten Pisoc-Gruppe ragen im Unterengadin rechts des Inns auf. Östlich der Gruppe des Val S-charl, westlich des Val Plavna, südlich das Val Mingèr. Mitten durch die Pisoc-Gruppe – über Piz Clemgia, Piz Pisoc und Piz Mingèr – verläuft die Grenze des Schweizer Nationalparks, so daß man sich die Besteigung des Hauptgipfels gerade noch erlauben darf, da die Route außerhalb des Parks verläuft. Die Erstersteigung glückte Alexander Fluri und Marugg bereits am 28. Mai 1865, im Jahr der Matterhorn-Eroberung durch Whymper. Die Geschichte des Piz Pisoc ist nicht so dramatisch wie die des Matterhorns. Dafür hat man aber den Vorteil, wirklich allein auf dem Gipfel zu thronen, denn pro Sommer sind es nur ganz wenige Bergfreunde, die sich in das vollkommen einsame, wilde und weglose Val Zuort oberhalb der Gemeinde Tarasp wagen. Es gibt auch keine Hütte als Stützpunkt, so daß man die fast 1800 Höhenmeter hinauf und hinunter an einem Tag hinter sich bringen muß. Und das meist ohne Weg. Alles in allem: 7 bis 8 Stunden ab und bis Tarasp. Die Schwierigkeiten braucht man kaum zu erwähnen; allein im Gipfelbereich wird ein wenig Kletterei notwendig.

Talort

Bad Scuol (1240 m), Endstation der Rhätischen Bahn, oder Tarasp (1402 m).

Route

Von Funtana (Tarasp) südlich auf schmalem Fahrweg in den Wald, am Auslauf des Val Zuort. Abzweigung nach links in das Val Zuort; der Weg ist noch markiert. Nach einer knappen Stunde hat man Wald und Weg hinter sich (P. 1724). Gerade in südlicher Richtung durch das steile Hochtal hinauf bis zum Fuße des markanten Felsriegels (P. 2284), der fast das ganze Tal absperrt. Links an ihm vorbei und weiter steil hinauf über anstrengende Geröllhänge, bis das Tal an Steilheit verliert.

In gleicher, südlicher Richtung weiter bis nahe des kleinen Gletschers Vadret da Zuort. Wo das Schuttkar links am weitesten hinaufreicht, sieht man zwischen Piz dals Vadès (3140 m) und Piz Pisoc die Fuorcletta da Pisoc (P. 3017, ohne Namen in der Karte), von der eine markante Rinne herabzieht. Sie vermittelt den weiteren Aufstieg.

Schließlich über den leichten Südgrat (gut markiert), dessen Kante man teilweise westlich ausweicht, auf den Gipfel. Für seine einmalige Rundsicht und eindrucksvollen Tiefblicke sollte man ein gutes Stück Zeit übrig haben. Besonders imposant ist der Blick hinab in das S-charltal; zwischen ihm und unserem Gipfel ein Teil des Nationalparks, ein Stück vollkommen unberührter Berglandschaft.

Leider haben wir für den Abstieg keine andere Möglichkeit, als uns an die bereits bekannte Route zu halten, denn der Übergang aus dem Val Zuort über die Fuorcla Zuort und hinab ins S-charltal würde direkt in den Nationalpark führen; diese Route ist laut Parkordnung nicht genehmigt. Wir halten uns selbstverständlich an diese Ordnung und steigen wieder durchs Val Zuort ab nach Tarasp – wo man nicht nur von den Heilquellen zu trinken braucht! Hat einen der Aufstieg fast 5 Stunden gekostet, so brauchen wir für den Abstieg höchstens 2.

Karten/Führer

Landeskarte der Schweiz 1:25000, Blätter »Scuol/Schuls« (Nr. 1199) und »S-charl« (Nr. 1219), da der Schnitt mitten durchs Val Zuort läuft. Wer hier mehr unternehmen will, braucht den SAC-Führer »Bündner Alpen, Band 9, Unterengadin«.

Piz Tasna, 3179 m

Ein Berg zum Verlieben

Der mächtigste Dreitausender der östlichen Silvrettagruppe, ganz zu Graubünden gehörend, ist ein Berg abseits des großen Sommerbetriebes und wenig besucht. Denn von der österreichischen Seite her ist seine Besteigung sehr langwierig, anstrengend. Vom Unterengadin her jedoch ein wahres Vergnügen. Ein Aussichtsberg ersten Ranges. Mit reicher und außergewöhnlicher Flora in den tieferen Regionen, denn der Bereich um Motta Naluns ist zum Pflanzenschutzgebiet erklärt worden. Und im Abstieg hinaus durchs Val Tasna wird man sich immer wieder der Wildbeobachtung widmen müssen; Murmeltiere, Gemsen, Rotwild. Leichte Kletterei ist lediglich am Gipfelaufbau geboten. Von der Chamanna da Schlivera eine Sache von 3½ bis 4 Stunden; für den Abstieg bis nach Ftan muß man mit 2½ bis 3 Stunden rechnen. Man sollte die Tour nur bei guten Sichtverhältnissen unternehmen, nicht nur der prächtigen Gipfelsicht wegen, sondern auch angesichts der Tatsache, daß man sich mehr oder weniger auf weglosem Gelände bewegt (bei Nebel könnte eine Tasna-Besteigung sehr unangenehm werden).

Stützpunkt

Chamanna da Schlivera (2391 m), Eigentum des Skiclub Ftan (Schlüssel bei Martin Secchi, Ftan, Tel. 084-90156), 15 Lager. Die Chamanna Naluns, etwas darunter, ist nur im Winter bewirtschaftet. Vom Talort Bad Scuol (1240 m) am besten mit einer der beiden Gondelbahnen am Nachmittag zur Bergstation Motta Naluns (2135 m), Bergrestaurant, inmitten des herrlichen Pflanzenschutzgebietes mit seinen lieblichen Alpwiesen. Von der Bergstation erreicht man die Schlivera-Hütte auf markiertem Weg bequem in 30 Minuten. Nächtigung.

Route

Von der Chamanna da Schlivera zunächst wenige Minuten nordöstlich hinab zum Hauptweg, auf dem man am Vortag die Hütte erreichte. Auf ihm nördlich und nordwestlich weiter in das kleine Hochtälchen Val Ruschna. Dann immer auf gleicher Höhe bleibend genau nördlich, unter den Seilen des Mot-da-Ri-Schlepplifts durch, um schließlich in die riesige, bereits von Steinen durchsetzte Wiesenmulde Champatsch zu gelangen; links oben (westlich) das mächtige Massiv des Piz Minschun (3068 m), vorne rechts im Nordosten der schön geformte Piz Champatsch (2919 m). Die tiefste Gratsenke links (nordwestlich) des Piz Champatsch: Fuorcla Champatsch (2730 m), ist unser nächstes Ziel; von der Schlivera-Hütte etwa 1 Stunde. Nördlich hinab in das riesige Tiral-Kar, aber ohne uns dabei nach rechts hinunter ins Val Laver verleiten zu lassen. Auf einer Höhe zwischen 2550 und 2600 m genau in nördlicher Richtung, zuletzt aufsteigend, bis zu P. 2619 auf den schwach ausgeprägten Gratrücken. Über ihn links (westlich) hinauf in Moränenmulde mit kleinem See und schließlich über den nicht sehr steilen Tasnagletscher südwestlich, zuletzt südöstlich auf die ausgeprägte Tasna-Ostschulter. Auf ihr westlich zum Gipfelaufbau, über den man in leichter Kletterei den höchsten Punkt erreicht.

Abstieg und Val Tasna

Am besten wieder hinab auf die Ostschulter und über den Tasnagletscher zum südlichsten Felssporn des Piz Laver (2984 m), der bei P. 2920 die Grenze zwischen östlichem und westlichem Tasnagletscher darstellt. Von hier links (westlich) hinab in das große Kar südlich der Breiten Krone (3079 m, Curuna Lada) mit drei winzigen Seen. Dem Gletscherbach südlich folgend, kommen wir bald zum Lai da Fasch' Alba (= Weißes Band), einem sehr schön gelegenen Moränensee. Vom ihm südwestlich hinab – sehr steil –, auf der linken Seite des Abflußbaches bleibend, zuletzt rechts, nach Plan da Mattun (2295 m) im obersten Val Urschai, wie das oberste Stück des Val Tasna heißt. Durch das riesige Trümmerfeld, auf der linken Seite dem Urschai-Bach folgend, gelangt man bald zur kleinen Alphütte Marangun d'Urschai (2210 m), von wo wir uns auf einem immer besser und breiter werden-

Oben links: Blick in das Val Zuort, durch das der Weg auf den Piz Pisoc (3173 m) führt. Aufgangspunkt ist der Ortsteil Funtana der Gemeinde Tarasp (........ = verdeckte Route). Oben rechts: Oberer Teil des Aufstieges zum Piz Tasna über den Tasna-Gletscher. Die gut erkennbare Spur kommt aus dem Tiral-Kessel, in den von der Fuorcla Champatsch abgefahren wird. Unten links: Aus dem oberen Val Zuort durch die Geröllrinne zur Fuorcletta da Pisoc und von ihr über den Südgrat zum Gipfel des Piz Pisoc. Unten rechts: Aufstieg durch das Val Lischana zur Lischana-Hütte und weiter zum Lischana-Gipfel. Die Nordostpfeiler-Route kann hier leider nicht angedeutet werden.

den Weg bewegen können. Nach einer knappen halben Stunde die Alp Urschai (2106 m). Dann erreicht man das eigentliche Val Tasna, das von Viertelstunde zu Viertelstunde grüner und lieblicher wird. Es gibt zwei Wege, die durchs Tal hinausführen; der linke ist hübscher, bequemer. Auf etwa 1600 m eine gekennzeichnete Abzweigung mit Wegweiser in Richtung Ftan; auf diesem schmalen Seitenweg wandern wir weiter bis Ftan, wo man seinen Durst löschen oder gleich mit dem Postbus nach Bad Scuol fahren kann.

Karten

Wanderkarte Unterengadin – Samnaun – Nationalpark – Val Müstair 1:50000 (Kümmerly + Frey, Bern 1980).

Lischana-Ziele für Könner

Nordostpfeiler und Neuland

Als Lischana-Gruppe wird der Gebirgsstock zwischen Val S-charl im Westen, Val d'Uina im Osten, Unterengadiner Inntal im Norden und Val Sesvenna im Süden bezeichnet. Hauptgipfel ist der Piz Lischana (3105 m), dessen mächtiger Klotz im Raum Bad Scuol das Unterengadin beherrscht. Einsame Kare und Hochtäler sind typisch für diese ziemlich unbekannte Berggruppe der Münstertaler Alpen. Talort ist Bad Scuol (1240 m). In der ganzen Gruppe gibt es nur einen Stützpunkt. Dem Kletterer sind zahlreiche Möglichkeiten geboten. Bedeutendste und schwierigste Route ist zweifellos der 600 m hohe Piz-Lischana-Nordostpfeiler, dessen Erstbegehung erst 1970 erfolgte. Und vor allem gibt es noch zahlreiche Neuland-Ziele zu erobern; hier werden bewußt nur einige wenige Möglichkeiten angedeutet, denn echte Neulandsucher haben meist gute Nasen.

Stützpunkt

Chamanna Lischana (2500 m), Eigentum der Sektion Unterengadin des Schweizer Alpenclubs, auf einem markanten Felsvorsprung im oberen Val Lischana (vom Tal aus gut zu erkennen): 38 Lager, von Juli bis Mitte Oktober bewirtschaftet. Von Scuol zuerst in Richtung Val S-charl, nach der dritten Straßenkehre links ab, Beginn des Weges, der bestens markiert ist und durch das steile Val Lischana zur Hütte führt; von Bad Scuol 3½ bis 4 Stunden.

Piz-Lischana-Nordostpfeiler

Der markante, 600 m hohe Nordostpfeiler fußt im selten besuchten Val Triazza – zwischen Piz Lischana und Piz Triazza bzw. Piz Ajüz – und endet am Lischana-Vorgipfel (P. 2963). Erste Begehung am 13. Juni 1970 durch die Schweizer Albin Schelbert und Franz Anderrüthi in 10 Stunden Kletterzeit. Die Erstbegeher schlugen 15 Zwischenhaken, die alle wieder mitgenommen wurden; sie bewerteten die Schwierigkeiten mit IV bis V, eine Stelle mit V+. Lange, ernsthafte Führe, da immer wieder brüchige Stellen zu bewältigen sind. Landschaftlich jedoch ein großartiges Unternehmen, aber auch anstrengend wie in den »guten alten Zeiten«, da die Lischana-Hütte als Stützpunkt zu abseits liegt und der Zugang direkt aus dem Tal erfolgen muß.

Zugang: Von Bad Scuol auf neuer Straße, bis zum Wasserschloß der Unterengadiner Kraftwerke. Dann auf Wegspuren durch das Val Triazza zum Pfeilerfuß, 2 Stunden.

Einstieg: Am Fuße des Pfeilers, wo der Fels am tiefsten ins Geröll hinunterzieht.

Route: 20 m über dem Pfeilerfuß auf einem Band nach rechts und zu Stand ansteigen. Nach rechts in grobblockige Verschneidung, nach rechts hinaus und unter eine Steilwand hinauf, Stand. Rechts durch schräge Verschneidung hinauf und zu Geröllplatz, Stand. Etwas rechts und gerade empor durch die mittlere Verschneidung nach links auf Pfeilerkopf. Nun leichter etwa 80 m weiter auf Band. Eine Steilstufe nach rechts übersteigen und rechts hinauf zu Stand. Durch Kamin hinauf und links hoch zu Stand. Rechts durch Verschneidung und Kamin, am rechten Kaminrand hinauf auf Pfeilerkopf. Weiter über Steilstufen hinauf, rechts haltend auf Felsturm, etwa 80 m über dem Pfeilerkopf. Vom Felsturm in die Scharte. Unter eine Plattenwand ansteigen, Stand. Nun die Platte nach links hinauf und nach rechts queren zu Stand. Gerade hoch, durch kurzen Kamin, dann links queren zu Ringhaken. Weiter gerade hinauf durch eine Verschneidung zu Grat, Stand. Weiter den Grat-

◁ *S-charl mit Blick in den unteren Teil des Val Sesvenna (Alp Sesvenna im Hintergrund) mit Piz d'Immez und Piz Cristanas (von links).*

aufschwung direkt empor und nach 60 Metern zu einer Schulter. Noch drei Seillängen weiter über den Gratpfeiler und zuletzt direkt zum geröllbedeckten Vorgipfel, P. 2963.
Dann am besten weiter direkt über den Verbindungsgrat hinauf zum Hauptgipfel (3105 m).
Abstieg: Auf bezeichnetem Weg südlich über den breiten Gratrücken, dann westlich bzw. nordwestlich hinab zur Lischana-Hütte, 1 bis 1½ Stunden vom Gipfel; von ihr 1½ bis 2 Stunden ins Tal.

Neuland-Ziele

Allein in der Lischana-Gruppe gibt es eine ganze Reihe, auch am Piz Lischana selbst. Man braucht sich nur ein wenig umzuschauen bzw. den SAC-Führer »Bündner Alpen, Band 9, Unterengadin« zu studieren, der 1986, 40 Jahre nach der Erstauflage, vollständig überarbeitet neu erschienen ist. Nur eine einzige Route z. B. an der 500 m breiten und 450 m hohen Nordostwand bis Piz San Jon (3048 m), einige Steinwürfe von der Lischana-Hütte entfernt; für eine Direktroute sind weder Bohrhaken noch sonstige Hakengalerien notwendig, hier braucht man nur zu klettern. Schlimmstenfalls Schwierigkeitsgrad V, an den steilsten Stufen guter Fels, soweit man das von unten beurteilen kann. Für Tage unsicheren Wetters ist der namenlose Felsklotz 1400 m südöstlich der Lischana-Hütte sicherlich eine interessante Sache; es sind die West- und Südabbrüche des P. 2951, auf dem Weg zum Piz Lischana bequem in einer Stunde von der Hütte zu erreichen; zahlreiche Möglichkeiten, fester Fels. Oder wenn man sich gar hinaufwagt ins wilde Val Triazza: an den West- und Nordabstürzen des Piz Ajüz (2790 m) gibt es noch dankbare Aufgaben zu lösen. Im genannten SAC-Führer heißt es einleitend, »daß Neubegehungen wohl dank der Abgeschiedenheit der hier beschriebenen Bergwelt bis zum heutigen Tag und sicher auch in Zukunft möglich sind«. Also: hinfahren, schauen, klettern – sich freuen!

Karten/Führer

Landeskarte der Schweiz: Blatt »Flüelapaß« (Nr. 39), 1:100 000, als hervorragende Übersichtskarte; dazu die Wanderkarte Unterengadin – Samnaun – Nationalpark – Val Müstair 1:50 000 (Kümmerly + Frey, Bern 1987). Wer es ganz genau wissen will: Blatt »Scuol/Schuls« (Nr. 1199), 1:25 000. Der einzige Führer ist bereits oben angegeben.

Der En/Inn

Die Engadiner Innschluchten für Wildwasserfahrer

Geschichte/Allgemeines

Der 510 km lange Inn ist von seinem Ursprung im Malojapaßgebiet bis zur Einmündung in die Donau bei Passau längster Nebenfluß der oberen Donau und einer der größten Flüsse der Alpen. Wildwasserfahrer kannten bis vor einem Jahrzehnt nur die berühmte »Imster Schlucht« und die berüchtigte Finstermünzschlucht zwischen den beiden Grenzstationen Martina (Schweiz) und Schalklhof (Österreich). Die rund 100 km des En, wie die Rätoromanen den Inn nennen, sind auch heute nur den Spezialisten bekannt. Denn die Informationen über die Engadiner Schluchten sind spärlich. Und dabei bieten die 85 km von La Punt bis zur österreichischen Grenzstation so ziemlich alles, was sich ein Wildwasserfahrer wünschen kann, ob Anfänger, Fortgeschrittener oder WW-Meister: vom braven Wasserl bis zu unfahrbaren Stellen; wilde Verblockungen, Schwallstrecken mit beängstigender Wasserwucht. Die vermutliche Erstbefahrung aller Engadiner Schluchten glückte den Engländern Jeff Slater, Trevor Eastwood, Lindsay Williams, Dave Allen und Michael Jones. Es war eine mehrtägige Expedition, vom »The Daily Telegraph« finanziert: fünf zertrümmerte Boote, mehrere lebensgefährliche Situationen. Der international bekannte Bergsteiger und Journalist Chris Bonington hatte die Kanuten als Berichterstatter am Ufer begleitet (wo man es erreichen kann): »Ein Unternehmen, das der Durchsteigung der Eiger-Nordwand gleichkommt..., die schwierigste Wildwasserstrecke, die je in Europa erobert wurde«, schrieb Bonington in seinem Telegraph-Artikel unter dem Titel »Sieg über das Wildwasser« (Nr. 263, 4. Oktober 1969). Nach der dreitägigen Flußbesichtigung sagte Slater: »... größer als alles, was irgendeiner von uns je zuvor unternommen hat.« Eastwood war ab der S-chanfer Schlucht »... in Todesängsten den ganzen Weg hinunter«. Aber am 1. September 1970 wurde das Engadiner Inn-Kraftwerk seiner Bestimmung übergeben. Das einzige mir bekannte Kraftwerk, das man als Wildwasserfahrer nicht kritisieren braucht, denn erst seit Bestehen des Kraftwerks sind die Engadiner Innschluchten »genießbar« und hinsichtlich Wasserstand-Information in den Griff zu bekommen. Die großen Meister sagen zwar, als guter Fahrer brauche man keine Information; man sehe das auf einen Blick am Ufer, an Steinen, die aus dem Wasser ragen, und einigem mehr. Aber es gibt eben nicht nur große Meister, die das Abenteuer Wildwasser erleben wollen. Und zwar möglichst ohne Lebensgefahr.

Der oberste Inn und sein Seengebiet zwischen Maloja und La Punt ist für den WW-Sportler weniger interessant: Flachwasser, teils unfahrbare Stellen; von Samedan bis La Punt ist der Fluß kanalisiert. Wer jedoch im Engadin Ferien macht und einen WW-Neuling als Spezl dabeihat, wird die ruhigen Seen des Oberengadins sehr bald für die »ersten Paddelschläge« zu schätzen wissen. Ab La Punt wird der Fluß interessant:

Zuozer Strecke: Von La Punt bis zur Stauung des Kraftwerkes bei S-chanf, 6 km, Schwierigkeitsgrad 0 bis I.

S-chanfer Schlucht: Ab dem Kraftwerkwehr bis Cinuos-chel, 6 km, II bis III.

Brail-Schlucht: Vom Ende der S-chanfer Schlucht bei der kleinen Brücke, über die man von Cinuos-chel in den Nationalpark gelangt, bis zur Punt Nova (Neuen Brücke = Betonbrücke zwischen Brail und Zernez);

In der Ardezer Schlucht (Engadiner Inn). ▷

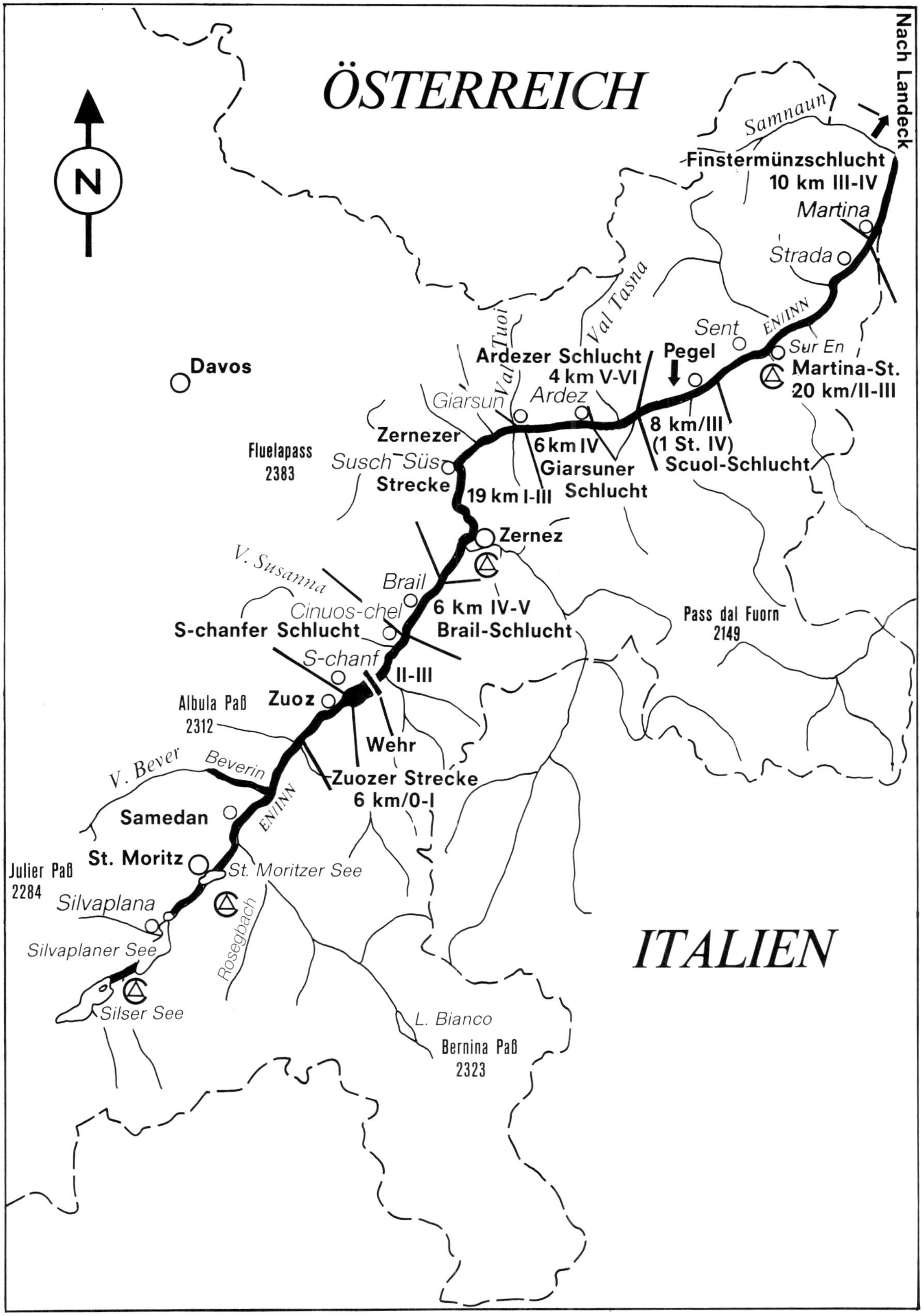
ÖSTERREICH
ITALIEN
N
Nach Landeck
Samnaun
Finstermünzschlucht
10 km III-IV
Martina
Strada
EN/INN
Sent
Sur En
Martina-St.
20 km/II-III
Pegel
Val Tasna
Val Tuoi
Ardezer Schlucht
4 km V-VI
Ardez
Giarsun
8 km/III
(1 St. IV)
Scuol-Schlucht
6 km IV
Giarsuner
Schlucht
Davos
Fluelapass
2383
Zernezer
Susch Süs
Strecke
19 km I-III
Zernez
V. Susanna
Brail
Cinuos-chel
6 km IV-V
Brail-Schlucht
Pass dal Fuorn
2149
S-chanfer Schlucht
S-chanf
II-III
Albula Paß
2312
Zuoz
Wehr
Zuozer Strecke
6 km/0-I
V. Bever
Beverin
EN/INN
Samedan
St. Moritz
St. Moritzer See
Julier Paß
2284
Silvaplana
Silvaplaner See
Rosegbach
Silser See
L. Bianco
Bernina Paß
2323

verschiedentlich auch als »Teufelsschlucht« bezeichnet, 6 km, IV bis V.
Zernezer Strecke: Von der Punt Nova (= Ende der Brail-Schlucht) – vorbei an Zernez, Susch, Lavin – bis zur alten Steinbrücke unterhalb Giarsun, 19 km, I bis III.
Giarsun-Schlucht: Von der Steinbrücke unterhalb Giarsun bis zur alten Steinbrücke bei Ardez; früher auch als »obere Ardezer«, »erste Ardezer« oder »fahrbare Ardezer« Schlucht im Gespräch, 6 km, III bis V.
Ardezer Schlucht: Von der Steinbrücke unterhalb Ardez bis zu dem Punkt, wo die Engadiner Hauptstraße wieder dicht an den Fluß kommt; früher auch als »untere Ardezer«, »zweite Ardezer« oder »unfahrbare Ardezer« Schlucht bezeichnet; 4 km, V bis VI.
Scuol-Schlucht: Vom Ende der Ardezer Schlucht (siehe oben) bis zur Punt Lischana (unterste Scuol-Brücke, Übergang nach S-charl), 8 km, III bis IV.
Martina-Strecke: Von der Betonbrücke Punt Lischana bis zur Zollbrücke Martina, 20 km, II, III bis IV.
Finstermünz-Schlucht: Von der Zollbrücke Martina bis zur österreichischen Zollstation bei der Reschenpaß-Straßenbrücke, 10 km, III bis IV.
Von La Punt (1687 m) bis zur österreichischen Zollstation (991 m) verliert der 85 km lange Fluß rund 700 Höhenmeter.
Die schwierigen Inn-Strecken – von S-chanf bis österreichische Zollstation, rund 80 km – müssen wir informationsmäßig in zwei Teile gliedern, da dem Fluß beim Stauwehr S-chanf über 50% des Hauptwassers entzogen werden. Durch einen Stollen wird es in den Spöl-Stausee geleitet, im Ova-Spin-Kraftwerk genutzt, wieder in einem Stollen zum Pradella-Kraftwerk bei Scuol geleitet, um dort wieder den Inn zu erreichen. Im Sommer beträgt das Pflichtwasser ab S-chanf 3 m^3/Sek. (genau vom 16. Mai bis 1. Oktober), in der übrigen Zeit nur noch 0,8 m^3/Sek. Die 3 m^3/Sek. ab S-chanf sind vollkommen ausreichend für die Befahrung der S-chanfer Schlucht. Zwischen S-chanf und Pradella bringen viele kleine Seitenbäche zusätzliches Wasser, dazu auch einige größere: Spöl (1 m^3/Sek. Überwasser des Ova-Spin-Kraftwerks), Susascabach vom Flüelapaß (ca. 1 bis 2 m^3/Sek.), Clozzabach aus dem Val Tuoi und Clemgia aus dem Val S-charl mit je 1 bis 2 m^3/Sek. Bis zum Pradella-Kraftwerk kommen so etwa – je nach Temperatur bzw. Wetter – 20 bis 30 m^3/Sek. zusammen. Beim Kurhaus Tarasp, das man oberhalb von Scuol, direkt am Inn, gut sieht, gibt es den besten Pegel, den ich kenne: Vor der Innbrücke links den Spazierweg dem linken Innufer entlang, nach etwa 100 m kommt man zur holzverkleideten Meßanlage. Man kann den Pegelstand der letzten 24 Stunden genau ablesen, und zwar nicht in m^3/Sek., sondern in Zentimetern. Idealpegel für die Befahrung der oberen Inn-Schluchten: 55 bis 75 cm, was einer Wassermenge von etwa 23 bis 40 m^3/Sek. entspricht. Auf diesen Pegelstand stützen sich auch die Schwierigkeitsangaben. Bis zum Pegelstand 80 cm aber auch noch gut befahrbar, jedoch mit gesteigerten Schwierigkeiten; ab Pegelstand 100 cm gefährlich. Für die Schwierigkeiten auf der Martina-Strecke und in der Finstermünz-Schlucht ist die Zulaufmenge vom Pradella-Kraftwerk entscheidend. Maximalmenge des Abflusses, wenn alle vier Turbinen voll in Betrieb sind: 70 m^3/Sek. Mit dem bereits vorhandenen Wasser des Oberlaufs zwischen S-chanf und Pradella (20 bis 30 m^3/Sek.) kann der Inn ab hier ein mächtiger, reißender Wildfluß sein. Faustregel für die Martina-Strecke: Bei einer Gesamtmenge von etwa 70 m^3/Sek. – das entspricht einem Pradella-Zufluß von etwa 40 bis 50 m^3/Sek. – ist die Martina-Strecke eine rassige Sache; bei weniger Wasser leicht, bei mehr Wasser sehr starke Wucht (die großen Schwälle sind dann, ohne perfekte Eskimorolle, lebensgefährlich!). Für die Finstermünz-Schlucht sind die Wochenendtage am idealsten, sichersten, denn das Pradella-Kraftwerk ist meist nicht in Betrieb; Faustregel: ideal zwischen 20–30 m^3/Sek. Die Beamten des Pradella-Kraftwerks (Tel. 084-90245, von Deutschland 0041-84-90245) geben gerne Auskunft, auch schon am Nachmittag vor dem Tag der Befahrung. Mit Hilfe des Pegels beim Kurhaus Tarasp und der Auskunft des Pradella-Kraftwerks kann man sich wirklich gründlich orientieren.
Seit 1985 sind immer häufiger auch bullige, massive Wildwasser-Schlauchboote auf dem Inn zu sehen. Mit diesen kann sich praktisch jedermann, natürlich nur mit kundigen und erfahrenen Bootsführern, in die Inn-Fluten werfen. Allerdings muß man schon ein bißchen abenteuerlustig sein, und ausgesprochene Landratten sollten lieber die Finger davonlassen. Im Sommer können täglich von Scuol aus Fahrten auf verschiedenen Abschnitten des Inns unternommen werden. Info: Verkehrsverein Scuol, Telefon 084-99494.

Wintersport im Unterengadin

Man kann es gleich vorweg sagen: Der Wintersport spielt sich vorwiegend in der Region Scuol/Ftan ab. Weitere Liftanlagen befinden sich in Tarasp (1) und Zernez (1 Übungslift); sie haben aber nur örtliche Bedeutung. Langlaufloipen dagegen unterhält fast jeder Ort einige Kilometer.

Mit dem Kurbetrieb begann es

Wie in vielen anderen Skiorten begann der Fremdenverkehr, lange bevor man den Skisport kannte, mit dem Kurbetrieb. Auch in Scuol war es so. Die Mineralbäder von Scuol und Tarasp-Vulpera sind in aller Welt bekannt. Trink- und Badekuren haben Abertausende von Kranken nach Scuol gelockt (Leber- und Gallenleiden, Magen-Darm-Krankheiten, Stoffwechsel-, Herz- und Kreislauferkrankungen). Scuol wird sich auch künftig um den Kurbetrieb bemühen. Aber seit 1950/51 ist das Kurleben auch mit Wintersport vermischt. Man braucht übrigens als Skifahrer nicht erst krank zu sein, um in den Skiferien eine Trinkkur mitzumachen. Ich lernte jedoch auch viele Skifahrer mittleren Alters kennen, die bewußt nach Scuol fuhren, um zwei Fliegen auf einen Schlag zu erwischen: Skiglück und vorbeugende Kur.

Für Skisäuglinge und Pistenfans

Scuol ist kein St. Moritz oder Davos. Aber das »Ski-Eldorado Scuol/Ftan« ist an Möglichkeiten reich genug, um dort einen ganzen Skiurlaub zu verbringen: 2 Gondelbahnen, 1 Sesselbahn und 11 Skilifte erschließen rund 70 km ausgezeichnet präparierte Pisten mittlerer Schwierigkeit. Im Hochbereich um Motta Naluns stehen auch ganz leichte Abfahrten für Anfänger zur Verfügung. Vom höchsten Liftpunkt (Champatsch, 2800 m) bis nach Scuol (1250 m) sind es immerhin 1550 Höhenmeter Abfahrt.
Man nennt sie »Traumpiste«. Mit ihrer Länge von 11,5 km ist sie die längste und höchste Piste des gesamten Engadins. In einer Untersuchung über die »Traumpisten der Alpen« rangiert die Superabfahrt von Scuol an elfter Stelle. Und das in einer imposanten Landschaft, im Norden die Silvretta, im Süden die Berge der Pisoc-, Lischana- und Sesvenna-Gruppe, die teilweise dem Schweizer Nationalpark angehören; ganz im Süden ist der Ortler noch gut zu erkennen. Auf dieser Piste wird seit 1985 jedes Jahr im März der Champatsch Super-G, ein Volksskirennen für jedermann, ausgetragen. 1988 waren es über 200 Teilnehmer, die sich auf den ca. 5 km langen und teuflisch schnellen Kurs wagten. Das durch Beförderungsanlagen erschlossene Skigebiet ist ein einzigartiger Sonnenbalkon. Darüber hinaus sichern die östlich-nördlich gerichteten Hänge auf Motta Naluns echtes Skivergnügen bis Mitte oder Ende April, je nach Schneereichtum des Winters. Schlangestehen gibt es schon lange nicht mehr, und einer der Werbespots – keine Wartezeiten – hat mit der jetzigen Transportkapazität absolute Berechtigung. Und ist man einmal oben im eigentlichen Gebiet, gibt es überhaupt keine Probleme.
Natürlich haben sich die Vorzüge inzwischen herumgesprochen, so daß Scuol/Ftan jeden Winter mehr und mehr Freunde erobert. Die Bergbahngesellschaft hat gute Trümpfe im Langzeitprogramm: Bei entsprechendem Gästezuwachs können die Anlagen beliebig erweitert werden, denn der Ausbau des riesigen Ski-

gebiets zwischen Scuol/Ftan und Sent ist erst zu einem Drittel vollzogen. Selbst berühmtere Skistationen würden sich glücklich schätzen, ein derartiges Skihinterland mit schier unbegrenzten Ausbaumöglichkeiten zu besitzen.
Im Hinblick auf die »Antiskiwinter«-Serie muß man wissen, daß man im Skigebiet Scuol/Ftan auch bei geringer Schneelage sein Pistenglück genießen kann, denn der Untergrund besteht vorwiegend aus steinfreien Alpwiesen.

Paradies für Tourenfahrer und Skialpinisten

An sich könnte man die Tourenfahrer und Skialpinisten in einen Topf werfen. Nicht im Bereich von Scuol! Denn hier ist eine ganze Reihe prächtiger Möglichkeiten für ausgesprochene Genußspechte, mit Aufstiegen von höchstens zwei Stunden, geboten, so daß sich auch touristische Anfänger vom Pistenbetrieb wegwagen können (wenn es die Schneeverhältnisse hinsichtlich Lawinengefahr erlauben!). Andererseits gibt es Ziele in Überfülle für erfahrene Skialpinisten, die auch vor fünfstündigen Aufstiegen nicht zurückschrecken.
Val Laver: Eine fantastische Tourenabfahrt ohne Aufstieg. Auffahrt mit den Liften bis zur Champatsch-Bergstation; von dem kleinen Plateau (2800 m) sieht man bereits nördlich hinab in den weiten Bergkessel »Tiral« am Ostfuß des Piz Tasna. Abfahrt ins Tiral und nordöstlich weiter ins Val Laver. Ab Alp Era (2045 m), wo das Tal nach rechts (Osten) abbiegt, hält man sich an den Bachlauf, bis man links durch den Wald die Lichtung Zuort (1711 m) mit dem Mengelberghaus sieht. Über die Lichtung erreicht man in wenigen Minuten den Gasthof Zuort, wo man sich am Vortag eine Gerstensuppe und den Jeep-Transport nach Vnà bestellen kann (Tel. 084-93153). Im Hochwinter braucht man auf der Straße nach Vnà (1602 m) höchstens eine halbe Stunde. Von Vnà Abfahrt nach Ramosch (1175 m), Busrückfahrt nach Scuol. Ein großartiger Halbtagesskispaß mit 15 Ski-km und 1600 Höhenmetern!
Piz Clünas (2793 m): Liftauffahrt nach Mot da Ri (2600 m), kurze Abfahrt nach Westen und 45-Minuten-Aufstieg, die letzten Meter ohne Ski, auf den prächtigen Aussichtsberg Piz Clünas, der südwestlich hinab zur Alp Laret und weiter zu dem hochromantischen Örtchen Ftan und schließlich nach Scuol eine ganz besonders reizvolle Abfahrt bietet, ein Skigenuß ohne jede Schwierigkeit.
Piz Champatsch (2919 m): Auch dieser unerhört lohnende Skiberg mit seiner 1600-Meter-Abfahrt nach Scuol, für die ein guter Stemmbogen vollauf genügt, fordert nicht mehr als 25 Minuten Aufstieg. Von Mot da Ri kurze Abfahrt nordöstlich, dann mit Lift zur Champatsch-Bergstation und in 15 Minuten zum Fuß der Felsen; einige Minuten vor dem Gipfel läßt man die Ski stehen. Abgefahren wird am besten aus der Fuorcla Soèr (2781 m, östlich des Gipfels) südöstlich hinab durchs Val Soèr und südlich nach Scuol (»Traumpiste«). Besonders Mutige können die schmale Rinne südwestlich des Gipfels nach Süden abfahren; über weite Hänge geht's dann hinunter zur Mot-da-Ri-Liftstation. Spätestens nach diesem köstlichen Skizuckerl wird man das Gebiet um Scuol in sein Herz geschlossen haben. – Der Piz Minschun (3068 m), gleich hinter dem höchsten Liftpunkt Mot da Ri aufragend, ist zwar auch noch eine recht gemütliche Tagestour, für gute Fahrer sogar ein Halbtagesspaß, aber für ihn braucht es bereits Hochgebirgserfahrung. Von Mot da Ri nördlich durch die Steilmulde hinauf – die letzten Meter zum Grat sind meist etwas verwächtet – und über den Nordgrat zum Gipfel, alles in allem nur zwei Stunden. Herrlichster Aussichtsberg im ganzen Bereich der Liftanlagen. Und eine Abfahrt, die man per Sie anreden muß. Ihr Beginn erfordert Vorsicht, denn die breite Nordrinne hinab in das Davo-Jarvo-Kar, wo man die Fläche eines verschneiten Sees erkennt, ist bestimmt zwischen 35 und 40 Grad steil; bei schlechten oder gefährlichen Schneeverhältnissen steigt man besser wieder über den Nordgrat ab, um dann westlich weniger steil in das genannte Kar zu gelangen. Das Weitere – Val Urschai, Val Tasna – besteht aus ungetrübten Skifreuden, fast immer auf alleiniger Spur. Einzige Beobachter: Gemsen, Steinböcke, Adler. Endpunkt ist die Straße zwischen Ftan und Ardez. Tip: Man bestellt sich zu einem bestimmten Zeitpunkt ein Taxi, um vom Ende der Abfahrt schnell und bequem nach Ftan zu gelangen; junge Leute bringen die vierzig Gehminuten natürlich auch nicht um! Aufstieg, Gipfelrast und Abfahrt: fünf Stunden für Gemütliche.
Eine weitere Steigerung wäre der Piz Tasna (3179 m), einer der begehrtesten Silvrettagipfel. Aber auch ihn

Tiefschneefreuden im Skigebiet Scuol/Ftan. Unten: Skigebiet Motta Naluns oberhalb Scuol mit Naluns-Hütte und Piz Minschun.

kann man gut an einem Tag unter Dach bringen: Von der Champatsch-Bergstation über die Fuorcla Champatsch und den nördlich vorgelagerten Tasnagletscher sind es gemütliche zweieinhalb Stunden. Die Abfahrt erfolgt ebenfalls durchs Val Urschai und Val Tasna. Ohne Hochgebirgserfahrung ist da allerdings nichts zu machen, es sei denn, man vertraut sich einem Führer an.

Die Engadin-Silvretta-Samnaun-Skirunde

35 Kilometer Abfahrtsspaß an einem Tag

Die Skirunde Engadin-Silvretta-Samnaun ist in keinem Skiführer zusammenhängend beschrieben und wird auch nur sehr selten befahren – trotz ihrer außergewöhnlichen Schönheit, ihrer geringen Anstrengung und Gefahren, wenn die Schneeverhältnisse einigermaßen stimmen.
Ich habe diese Hochgebirgsskirunde vor einigen Jahren ausgetüftelt, sozusagen »ganz privat«, und dreimal in vollen Zügen genossen. Sogar die einheimischen Skitourenfahrer wollten mir die Eine-Stunde-Aufstieg-33-km-Abfahrt-Tour über zwei Staatsgrenzen hinweg nicht so recht abnehmen. Aber in den Bergen wissen die Leute in den Tälern oft nicht, was »hinterm Berg« los ist.
Ohne Umschweife: Die Skirunde Engadin-Silvretta-Samnaun ist eine hinreißende Skisache mit dem Schwergewicht auf Abfahrt, eine echte Tour für bisherige Reinrasse-Nurpistenfahrer, weil man die skialpinistischen Probleme oder Schwierigkeiten gar nicht erst anzusprechen braucht. Was man braucht, sind gutes Wetter, sichere Schneelage, Steigfelle, einen gültigen Reisepaß, die nachstehende Beschreibung und die erwähnte Karte. Dann: losfahren, eine knappe Stunde gemütlich aufsteigen, genießen.

Die wichtigsten Zahlen:

Aufstieg:	3 km/300 Höhenmeter (1 Stunde)
Seilbahnen/Lifte:	11 km
Abfahrt:	33 km/3000 Höhenmeter
Busrückfahrt:	35 km

Route: Von Bad Scuol mit Seilbahn und Liften bis Champatsch-Bergstation (2800 m) – Abfahrt nördlich zu P. 2511 im Tiral-Kessel – Aufstieg nördlich in den Sattel P. 2619, über den gratartigen Rücken westlich (links) hinauf und wieder nördlich zum Davo Lais (= See, P. 2655), um schließlich die Fuorcla Davo Dieu (2807 m) zu erreichen. »Davo« heißt rätoromanisch »hinter« und ist vom lateinischen *de post* abgeleitet. Die Fuorcla Davo Dieu ist, in der Karte nur als Punkt 2807 angegeben, eingelagert zwischen Piz Davo Dieu (2889 m, südwestlich) und Piz Davo Lais (3026 m, nordöstlich), ein herrlicher Skiberg mit rassiger Westabfahrt, der eine Fleißaufgabe von zusätzlich vierzig Minuten wäre; aber lassen wir das im Rahmen unserer Skirunde, sonst wächst der Spaß zu einer Skitour aus.
Von der Fuorcla Davo Dieu genau nordwestlich durch die Steilmulde hinab, bis man links (westlich) in den Nordhang des Piz Davo Dieu einfahren kann. Auf ihm genüsselt man hinab in den Bergkessel Davo Diou (= rätoromanisch Gott, in der Karte fälschlicherweise »Dieu«), der »hinter Gott« liegt. Auf dem letzten Nordhangstück muß man es laufen lassen, um auf der nun folgenden Ebene möglichst weit hinaus zu kommen. Eine kurze Gegensteigung von höchstens fünf Minuten stoppt den Abfahrtsspaß, zwingt einen zum Verweilen und Schauen. Großartige Gletscherlandschaft, die berühmten Fluchthörner im Westen, zum Greifen nahe, der beliebte Skidreitausender Piz Tasna im Süden. Noch einige kurze rassige Steilhänge, schon sind wir bei der Heidelberger Hütte (2264 m), deren Lage ziemlich ungewöhnlich ist: Diese Hütte des Deutschen Alpenvereins liegt auf Schweizer Boden und wird von einem Tiroler bewirtschaftet. In der Heidelberger Hütte kann man sich eine ausgiebige Brotzeit leisten und einige Viertele dazu, denn was nun folgt, ist Piste. Brave Abfahrt durchs Fimbertal, wo wir die Staatsgrenze passieren, hinab zur Bodenalp (1842 m), dem Beginn des Ischgler Liftnetzes. Auffahrt mit vier Liften (kurze Zwischenabfahrten) zum Idjoch (Äußeres Fiderjoch, 2760 m), auf dem wir zum zweiten Male die Staatsgrenze überschreiten. Abfahrt über Alp Trida (2263 m) nach Laret – Compatsch (1731 m) im Samnauntal.
Bis 1978 war das herrliche Alp-Trida-Skigebiet allein Skitourenfahrern vorbehalten, seit Dezember 1978 ist es mit einer Seilbahn von Samnaun und mehreren Liften erschlossen.
Natürlich wird man sich in der Zollfreizone Samnaun ein paar scharfe Sachen erstehen. Rückfahrt mit dem Schweizer Postbus nach Scuol (Abfahrt 16.25 Uhr).

Skigebiet Scuol/Ftan. Links Piz Minschun, dessen Nordostgrat von der Liftstation Mot da Ri erreicht werden kann; auf diesem dann zum Gipfel. Rechts Piz Tasna. In der Mitte im Hintergrund die markanten Fluchthörner.

Schwache Fahrer müssen spätestens um 13 Uhr die Heidelberger Hütte hinter sich lassen, um rechtzeitig an der Busstation zu sein. Mehrere Personen können sich am Vortag von Scuol aus zum gewünschten Abfahrtszeitpunkt ein Kleinbus-Taxi bestellen. Die beste Zeit ist ab Ende Januar bis Ostern (je nach Winter). Über die Schneesituation – Lawinengefahr – wissen die Bergbahnleute in Scoul bestens Bescheid (ruhig fragen).

Karte: Am besten die Wanderkarte Unterengadin – Samnaun – Nationalpark – Val Müstair 1:50000 (Kümmerly + Frey, Bern 1987). Wer sich im beschriebenen Gebiet als erfahrener Skifahrer gründlicher umsehen will, besorgt sich den Silvretta-Skiführer von Walther Flaig (Bergverlag Rudolf Rother) oder den SAC-Führer Alpine Skitouren, »Bd. 2, Graubünden«.

Sie haben noch nicht genug Anregungen? Dann nehmen Sie die andere Talseite aufs Korn! Sicherlich haben Sie vom Piz Minschun oder vom Piz Clünas aus die unglaublichen Hochtäler auf der rechten Innseite gesehen! Das Val Lischana zum Beispiel – oder gar das Val Zuort. Nein, das Val Zuort sollten Sie eigentlich nicht fahren. Denn wenn Sie das Val Zuort erlebt haben, besteht die Gefahr, daß die weiteren Touren Ihres Skilebens vermiest werden – immer werden Sie Vergleiche ziehen mit dem Val Zuort, und immer werden Sie zu dem Schluß kommen, daß es gar keinen Maßstab gibt, um für die Großartigkeit des Val Zuort einen Vergleichswert zu finden. Aber man muß sich die Faszination, die Val Zuort heißt, mit vier Stunden harten Aufstiegs redlich verdienen. Und auf das Zuort-Abenteuer kann man sich nur bei besten Schneeverhältnissen einlassen.

Im Spätwinter ist auch der Piz Sesvenna (3205 m) eine großartige Sache, eine ausgewachsene Dreitausender-Tour, von dem verträumten S-charl ausgehend. Auch hier haben (ohne Führer) nur erfahrene Skialpinisten etwas verloren, für die es im weiteren Bereich eine schier endlose Reihe von prächtigen Skizielen gibt. Zum Beispiel den Piz Nuna (3124 m) südwestlich von Ardez oder den Piz Cotschen (3030 m) nördlich von Ardez, um nur zwei von vielen genannt zu haben. Scuol hat eine Skitourenregion, wie man sie sonst nur in weltweit bekannten Gebieten antrifft. Wer also noch an dem alten Zopf hängt, daß die Alpen bereits auch für Skitouristen überlaufen seien, der fahre ins Unterengadin.

Allein im Gebiet des Val S-charl gibt es über ein Dutzend ungewöhnlich schöner Skitourenmöglichkeiten, die jeden Winter von Ende März bis Ende April von S-charl aus im Rahmen von Skitourenwochen geführt werden. Informationen: Jean Jacques Major, CH-7550 Scuol, Tel. 084-90524 oder 91601 oder 91412.

Auf die Gipfel der Silvrettaseite werden von der Schweizerischen Skischule Unterengadin in Scuol Skitouren geführt. Informationen: Tel. 084-91723.

Für Tiefschneebegeisterte gibt es seit dem Winter 84/85 noch einen besonderen Leckerbissen: Skitouren in Verbindung mit Bergbahnen, kurze Aufstiege, riesige Abfahrten, weit abseits der Pisten. »Radiant Orbit« heißt diese neue Art von Skivergnügen und wird von Ftan aus veranstaltet (weitere Stationen in Arosa, Davos und Grindelwald). Es handelt sich dabei durchwegs um rassige Tiefschneeabfahrten, die perfektes Fahrkönnen voraussetzen. Und teils um Abfahrten, die man als gebietsfremder Skibergsteiger ohne Führer besser gar nicht unternimmt. Denn das Wissen um die genaue Schneebeschaffenheit der jeweiligen Abfahrtsroute ist unerläßlich und von Ortsunkundigen einfach nicht sicher genug in Erfahrung zu bringen. Obwohl ich seit über dreißig Jahren als Skibergsteiger unterwegs bin, würde ich einige dieser Abfahrten ohne Führer nie in Angriff nehmen. Die Umsicht und Souveränität der Radiant-Orbit-Führer machen eine solche Skiwoche jedoch zu einem unvergeßlichen Erlebnis. Darüber hinaus kennen die einheimischen Führer auch am besten die verschiedenen Wild- und Naturschutzzonen der Region. Gerade im Winter ist für die Tiere ungestörte Ruhe überlebenswichtig. Auch dürfen die rassigen Waldabfahrten nicht zu einer Beschädigung des Jungwuchses führen. Wenn Sie alleine abseits der Piste unterwegs sind, sollten Sie daher unbedingt die Schutzzonen beachten (siehe Übersichtskarte, die an fast allen Liftstationen aufgestellt ist). Information und Anmeldung im Hotel Haus Paradies, CH-7551 Ftan, Tel. 084-9 13 25.

Loipenglück am Inn

Nicht nur fürs Pistenvolk wird im Unterengadin etwas getan, auch für die Freunde des Langlaufs ist man aufgeschlossen. Auf den Talböden links und rechts des noch jungen Inns werden rund 100 km Langlaufspur betreut.
Allein in Zernez sind es 30 km. Aber auch die kleinen Dörfer stehen nicht nach, jedes hat 6 bis 15 km. Seit Winter 1975/76 gibt es zwischen Scuol und Martina eine 45 km lange Traumloipe, meist entlang des Inns, durch die schattigen und romantischen Uferwälder: zwei vollkommen getrennte Mehrfachspuren. Wenn man die Wälder bei Rauhreif durchgleitet – und das ist entlang eines Flusses sehr oft der Fall –, glaubt man sich in einen Märchenwald versetzt. Auf der Strecke Scuol–Martina wird seit Februar 1976 der 25 km lange Volksskilauf »Pass Lung« (Langer Schritt) veranstaltet, sozusagen als Generalprobe für den berühmten Engadin-Skimarathon, an dem sich jedes Jahr im März weit über 10 000 Läufer beteiligen.
Jetzt braucht nur noch bei Ardez ein Unterbrechungsstück von etwa 2 km geschlossen zu werden, dann gibt es im Engadin die längste Loipe Europas: 125 km von Maloja nach Martina.

Glatteisglück: Mit Stein und Besen

Wer sich bisher in der weißen Jahreszeit nicht fürs Skifahren in irgendeiner Form zu begeistern vermochte, kann vielleicht seine Liebe zum Curling oder Eisschießen entdecken, für urchige Sportarten, die im Engadin ihre zweite Heimat gefunden haben.
Blankes Eis hatte ich bisher gehaßt wie die Pest, ob als Autofahrer auf winterlichen Alpenstraßen, ob als Bergsteiger in Steilwänden. »Aufs Eis gelegt« zu werden, habe ich stets zu vermeiden versucht. Deshalb sind auch vereiste Skipisten ein Greuel für mich. Eiskunstläufer und Eishockeyspieler, hin und wieder in der Halle und am Bildschirm verfolgt, hatten immer meine Bewunderung, weil mir ihre graziösen oder blitzschnellen Bewegungen unbegreiflich, ja unheimlich erschienen.
Aber es gibt Leute, denen spiegelglattes Eis das ganze Ferien- und Freizeitglück bedeutet: die Freunde von Curling und Eisschießen. Ich beschränkte mich lange auf eine passive Rolle als Zaungast. Bis ich mir endlich einen seelischen Schubser gab, um diese Glatteiswelt kennenzulernen. Also ging ich aufs Eis. Natürlich mit Hilfe von Freunden, deren Liebe im Winter »Stein und Besen« gehört.
Scuol im Unterengadin gehört zu den Curling-Hochburgen der Schweiz. Daneben gibt es im Unterengadin noch in Tarasp Natureisbahnen für Eisstockschießen und einen Curlingplatz in Zernez (Natureis). Der Curlingclub Scuol war schon dreimal Schweizer Meister und belegte bei den Weltmeisterschaften 1977 in Schweden den fünften Platz. Balser, ein Freund in Scuol, begeisterter Curler, nahm mich unter seine Fittiche. Die erste Lektion fand am Rand des Kunsteisplatzes mit vier Curlingbahnen statt. »Das ist alles ganz einfach«, sagte Balser. »Du gibst dem Stein vom einen Ende der Bahn einen Schubs, um ihn ins Zentrum der drei Kreise am andern Bahnende zu bringen – mitten ins Haus.« Balser, von Beruf Lehrer, hat schon das halbe Dorf auf die Beine gebracht, weil Curling keine Sache für Eigenbrötler ist, sondern ein Mannschaftssport. Zwei Mannschaften zu je vier Mann oder Damen tragen das Spiel aus. Balser ist als »Skip« tätig; er leitet das Spiel seiner Mannschaft und erteilt oft lautstark seine Anweisungen an die Mitglieder. Weiter gehören zu unserer Mannschaft der gewichtige Reto und die zierliche Lucia. In der Gegenmannschaft sind

Oben: Skigebiet am Piz Champatsch; rechts Piz Minschun. Unten links: Blick von der Bergstation Motta Naluns auf die Lischana-Gruppe. Unten rechts: So macht Skischule Spaß. Der Skiclown von Scuol mit seinen Schützlingen.

Oben: Aufstieg zum Piz Tasna. Auf der Kuppe rechts der Bergsteigerin trennt sich der Weg zum Piz Davo Lais (links), von dem ebenfalls in das Fimbertal nach Ischgl abgefahren werden kann. Unten: Unterengadiner Langlaufloipe Scuol–Martina, die über weite Teile den Inn entlangführt.

Jon, Peider-Andry, Cla und »Skip« Dumeng. Balser verpaßt mir das Rüstzeug: zwei Steine, einen anschnallbaren Knieschutz für das rechte Bein (»weil der Abschuß kniend erfolgt«), einen rutschfesten Schaumstoffüberzug für den linken Schuh (»damit du unterwegs nicht unkontrolliert über die Bahn schlitterst«), einen Besen (»der bringt dir immer wieder Wärme«). Während sich die andern in der Wirtschaft nebenan noch eine Stärkung gönnen, versucht Balser innerhalb weniger Minuten einen Curler aus mir zu machen: »Könnte jeder Curler seine zwei Steine genau ins Hauszentrum schießen, dann wären die Besen überflüssig – und Curling wäre eine langweilige Sache –, also, versuch's mal«, sagte Balser aufmunternd, nachdem er seine beiden Steine virtuos auf ihre Reise geschickt hat, den ersten in gerader Linie in die »houses«, den zweiten in einem leichten Linksbogen, weil ihm Balser im letzten Augenblick noch ein wenig Eigendrehung mit auf den Weg gegeben hat, genau einen halben Meter vor den ersten. Jetzt bin ich dran. Der rund zwanzig Kilogramm schwere, polierte und runde Granitstein mit glatter Lauffläche droht mir im ersten Augenblick das Gleichgewicht zu rauben. Er ist so schwer wie ein ausgewachsener Bergsteigerrucksack. Ich pendle den Stein ein wenig vor und zurück, um ihm Gleitenergie zu geben, das rechte Bein auf die Abstützplatte gedrückt – Abstoß von Körper und Stein in Zeitlupe nach vorn, Stein auf dem Eis, er kommt in Fahrt... ich auf den Knien hinterher, mindestens zwei Meter. Meine Augen folgen fasziniert dem Stein, der im frühen Gegenlicht funkelt wie ein Kristall, und mit einer Spannung, als hätte ich ihm alle meine Lebenswünsche mit auf den Weg gegeben. Aber der Stein kommt etwa auf der Bahnmitte zum Stillstand – Enttäuschung. Balser sagt, ich dürfe den Stein nicht pendeln; die Gleitenergie müsse durch den gezielten und kraftvollen Abstoß erfolgen. Das versuche ich mit dem zweiten Stein umzusetzen. Ich wuchte mich mit ihm vom Stützbrett ab, als müßte der Granit auf eine Erdumlaufbahn gebracht werden – er rast über die Bahn wie ein Steingeschoß aus dem Altertum, passiert die drei Ringe der »houses«, prallt am Bahnende krachend an die Holzwand. Balser gibt seinen Kommentar in rätoromanisch ab; zum Glück verstehe ich es nicht. Dann sagt er, ich müsse mit dem Stein umgehen wie mit einer geliebten Frau – mit Überlegung und Feingefühl und dosierter Kraft. Und tatsächlich, die weiteren Schüsse verlaufen sichtbar besser. Schließlich macht mich Balser auch noch mit der Besenkunst vertraut. Er schiebt einen Stein mit leichter Fahrt auf die Bahn, rennt mit seinem Besen nach, reibt diesen vor dem gleitenden Stein wie ein Besessener auf dem Eis, der Stein gleitet auf dem entstandenen Wasserfilm weiter und weiter, lautlos, als würde ihn eine geheimnisvolle Kraft bewegen. Das Wischen gehört zum Curling wie Wasser zur Schiffahrt. Mit guter Besenarbeit kann die Bahn des Steins nach Belieben verlängert werden. Und auf Curlingplätzen können Ehefrauen ihre Männer endlich auch mal bei der Besenarbeit schwitzen sehen.

Endlich beginnt das Match. »Skip« Balser gibt den ersten Stein ab; er landet fast im Zentrum des Hauses. Der zweite Stein kommt genau davor auf dem ersten Ring zum Stillstand, als »guard«, als Wächter. Reto und Lucia wischen das Eis unter Balsers Kommando »zücha! zücha!« (»ziehen«, den Stein durch Warmwischen der Bahn weiterbringen), daß man es fast noch am andern Dorfende hören kann. Auch auf den andern drei Bahnen ist inzwischen Bewegung entstanden. Die »Skips« feuern ihre Besenleute an und stoßen, wenn der Stein auf der gewollten Bahn gleitet, Freudenschreie aus.

Balser stellt den Besen vor sich und gibt so Lucia die genaue Schußrichtung an. Er will seinen herrlich gesetzten Stein im Hauszentrum mit lauter »guards« schützen. Diesmal sind Reto und ich die Besenmänner. Lucia hat ihren Steinen zu wenig Kraft gegeben. Das versuchen nun Reto und ich mit den Besen auszugleichen – bis wir Balser »guat, guat, guat!« tief aus der Kehle brüllen hören. Schon beim ersten »End« – Spielphase in einer Schußrichtung – empfinde ich Spaß und ein wenig Faszination am Geschehen auf dem Eis. Bei Retos Schüssen wischen Lucia und ich mit dem Besen. Meine beiden eigenen Schüsse enden trotz Besenschwerstarbeit von Lucia und Reto kurz nach der Bahnmitte (weil mir Balser eingebleut hatte, daß die »guards« auf keinen Fall getroffen werden dürfen). Die Gegenmannschaft unter »Skip« Dumeng ist inzwischen auf die Sperrlinie der »guards« losgegangen. Dumeng ist ein großer Könner, autoritär, wortgewaltig und gefürchtet, der es fertigbringt, die Steine seiner Leute auf Bogenlinien, sozusagen durch ein Seitentürchen, durch Wischen an den »guards« vorbeiziehen zu lassen und ins Haus zu bringen.

Aber unsere »guards« stehen so ideal im Halbrund vor dem Hauszentrum, daß ihnen auf Schleichwegen nicht beizukommen ist. Also eröffnet Dumeng ein wahres Bombardement: Zwei Schüsse gegen die Mitte der »guards« – sie werden seitlich getroffen, spicken weg, Chaos, Freudengeschrei, voller Angriff. Nach dem ersten »End« haben die Dumeng-Leute drei Steine im Zentrum – und wir das Nachsehen. Es muß nicht einmal das Meßgerät eingesetzt werden (es gleicht einem riesigen Zirkel). Wir spielen neun »Ends«. Und ich bin ziemlich erledigt – und begeistert dazu. Nach zwei weiteren Curling-Tagen wußte ich's: Curling kann einen packen. Es ist ein schöner, eleganter Sport, ein Spiel der Gemeinschaft – und ein Spiel, das Freunde schafft.
Übrigens kann jeder, der jetzt Lust bekommen hat, sich in Scuol in die Geheimnisse des Curlings einweihen lassen. Informationen und Anmeldung durch Verkehrsbüro Scuol, Telefon 084-99494, oder Sportanlagen Trü in Scuol, Telefon 084-91472.

Weitere Winterfreuden

Ungefähr 40 Prozent aller Wintergäste kommen ohne Ski. Sie widmen sich einer Trink- oder Badekur, genießen die Engadiner Sonne, unternehmen Spaziergänge im Talbereich oder gar oben in der Skiregion, wo auch im tiefsten Winter ein sehr hübscher, 5 km langer Wanderweg in Richtung Prui (westlich von Motta Naluns) offengehalten und gepflegt wird. Im ganzen Unterengadin etwa 150 km Winterwanderwege. Ganz zu schweigen von den kunsthistorischen Exkursionen in die nächste Umgebung, denn das ganze Unterengadin könnte man als riesiges Museum bezeichnen.
Der Schlittensport ist heute wieder sehr beliebt. Er wird in fast jedem Ort mit sehr viel Begeisterung und Spaß betrieben. Schlittenbahnen gibt es in Zernez, Susch, Ftan, Scuol und Tschlin. Über den aktuellen Zustand der Schlittenbahnen in Ftan und Scuol informiert das Verkehrsbüro Scuol, Telefon 084-99494.
Natürlich stehen im Eissportzentrum Scuol neben dem Curling noch Eisfelder für Eislauf- und Eishokkey zur Verfügung.

Unterengadiner Langlaufloipe.

Oben: In Scuol wird auch Eissport großgeschrieben, vor allem Curling erfreut sich großer Beliebtheit. Unten: Der Winterwanderweg von Motta Naluns nach Prui (oberhalb Ftan) vor der großartigen Kulisse der Unterengadiner Berge.

Die Rätia-Skihochroute

145 km für zünftige Skigenießer – Skiglück der Kontraste

Trend:
Piste und Tour

Die Zahl der rund 25 Millionen Skifahrer Europas ist imposant. Auch wenn man die Schätzungen unserer Statistiker auf die Hälfte zusammenstreicht. Gewiß, die meisten Skimillionen stehen an Bergbahnen ihre Zeit ab, tummeln sich auf Pisten herum, büffeln auf Lehrwiesen, genießen das Nachher. Aber der Trend zur echten Bewegung, zur körperlichen Leistung ist unverkennbar. Nicht zufällig gibt es jeden Winter einen stärkeren Langlauf-Boom zu verzeichnen. Erfreuliches Beispiel dafür ist der »Engadiner Ski-Marathon«.

Unsere Freizeit-Gesellschaft beginnt sich langsam zu besinnen: Der Mensch in unserem mehr oder weniger bewegungslosen Büro-Alltag ist eine Art Fehlkonstruktion. Die Ärzte wissen das.
Für echte und nachhaltige Erlebnisse bedarf es eines körperlichen, seelischen und geistigen Einsatzes, gleichgültig ob mit dem Tauchgerät, im Segelboot oder Kajak, ob auf Ski oder am Seil. Diesem Bedürfnis entgegenkommend, publizierte ich 1958 einen Führer über die klassische »Haute Route« von Argentière im Montblanc-Gebiet nach Saas-Fee in den Walliser Alpen und 1966 einen Führer über die von mir ausgetüftelte »Dolomiten-Skihochroute« von San Martino di Castrozza nach Sexten. Beide Skihochrouten wurden inzwischen von Tausenden Skifreunden befahren – die Rätia-Skihochroute ist nun eine neue Möglichkeit.

Durchs Bergland der Rätier

Die Rätia-Namensgeschichte ist reichlich kompliziert. Genaugenommen – nach der heutigen Gebietseinteilung – müßte man »Engadin-Silvretta-Rätikon-Prättigau-Skihochroute« sagen, was zweifellos jedermann als zu lang und zu verwirrend empfindet. Da aber alle Gebiete der neuen Skihochroute zur einstigen römischen Provinz Rätia (Hauptstadt Curia, Chur) gehörten und tatsächlich auch Rätikon und Prättigau (= Rätigau) berührt werden und die Route weitgehend im rätoromanischen Sprachraum verläuft, fand ich »Rätia-Skihochroute« am naheliegendsten.
Um mit anderen Skihochrouten einen kleinen Vergleich zu ziehen, ist folgendes zu erwähnen:
Die Rätia-Route ist leichter als Haute Route und Dolomiten-Skihochroute und unvergleichlich auch weniger anstrengend als die Haute Route.
Die durchschnittliche Tages-Aufstiegsleistung der sieben Rätia-Skihochroute-Etappen liegt bei 2,8 Stunden.
Da nach jeder Tagesetappe gut bewirtschaftete Hütten oder Skiorte erreicht werden, gibt es keine strapaziöse Rucksackschlepperei.
Bei der Routen-Planung war ich bestrebt, möglichst viele Bergbahnen einzuschließen, denn Unternehmungen für Super-Skialpinisten gibt es genug.

Kleine Rätia-Skigeschichte

Jeder Kilometer der Rätia-Skihochroute ist Tausenden von Skifahrern bekannt. Einige Etappen werden in der hier beschriebenen Reihenfolge schon von ungezählten Skifreunden befahren, vielleicht sogar alle sieben in einem Zuge – worüber ich allerdings noch nie etwas hörte –, beschrieben und empfohlen jedoch

◁ *Gleitschirmflieger von der Motta Naluns nach Scuol.*

wurde der Routenablauf noch nie zusammenhängend. Bereits im März 1970 war ich mit zwei Freunden unterwegs. Nach drei Tagesetappen erstickte unser Unternehmen buchstäblich in meterhohem Neuschnee. Der zweite Anlauf war von viel Sonne und gutem Schnee begleitet. Meine Freunde waren Gübi Luck, ein echter Bündner; Gert Kormann, Sachse; Peter Zillich, Berliner (ich als gebürtiger Vorarlberger – das »Ländle« gehörte ja auch zur Provinz Rätia – war sozusagen in meiner Heimat unterwegs). Wenn unsere »Nachfahrer« nur einen Bruchteil dessen an Ski- und sonstigen Vergnügen haben, wie wir sie erlebten, dann kommen sie überglücklich nach Hause.

Günstigste Zeit

Anfang März bis Ende April; je nach Schneereichtum des Winters. Der Winter 1971/72 war bekanntlich einer der schneeärmsten in der Skigeschichte. Trotzdem mußten wir uns auch in der letzten Märzwoche nicht mit langen Fußmärschen herumärgern. Die Talbereiche von Klosters, Davos und Lenzerheide waren zwar schon aper, aber die Bergbahnen, zu deren Mittelstationen man jeweils stößt, konnten zur restlichen Talfahrt kostenlos benützt werden. In normalen Wintern dürften zweite Märzhälfte oder erste Aprilhälfte ideal sein. Tip: Nicht direkt auf die Oster-Feiertage planen, da es sonst in den Hütten und Skiorten Platzsorgen geben kann. Eine Woche vor oder eine Woche nach dem Fest gibt es sicherlich keinen Ärger.

Sieben oder 14 Tage?

Die Rätia-Skihochroute hat zwar »nur« sieben Tagesetappen, aber man hat nicht immer hintereinander sieben schöne Tage. Außerdem gibt es noch einige Dreitausender-Skischmankerl, die einen zur zeitlichen Zugabe verlocken. Und schließlich gibt es viele, die mit dem bloßen »Gesehenhaben« berühmter Skiorte wie Klosters, Davos, Arosa oder Lenzerheide nicht zufrieden sind.
Also: mindestens einen Schlechtwettertag, einen zusätzlichen Skidreitausender und einen Pistentag in die Zeitplanung einbeziehen, dann wird man mit zehn Tagen auskommen und mit vierzehn Tagen Skigaudi und herrliche Erlebnisse im Überfluß haben.

Ohne Jet-Schwung geht's auch

Natürlich ist die Durchquerung der Silvretta-Gruppe ein skialpinistisches Unternehmen, zu dem es einige Voraussetzungen braucht:
Bergerfahrung: Wer noch nie im vergletscherten Hochgebirge mit Ski unterwegs war und keinen erfahrenen Bergfreund hat, darf sich die Tour natürlich nicht zumuten; er sollte sich unbedingt einer Bergsteigerschule oder einem Bergführer anvertrauen. Also: Man muß Schnee und Eis und ihre Gefährlichkeit einschätzen können, einigermaßen trittsicher sein, mit Karte und Kompaß umzugehen verstehen.
Skikönnen: Perfekter Stemmbogen genügt, wenn man ihn auch in Steilhängen und schlechtem Schnee beherrscht.
Leistungsfähigkeit: Wie schon erwähnt, liegt die durchschnittliche Tages-Aufstiegsleistung bei 2,8 Stunden. Aber man muß in der Lage sein, auch mal sechs bis sieben Stunden steigen bzw. laufen zu können (Etappe III); mit leichtem Rucksack sollte das kein sonderliches Problem sein.

Über die Gefährlichkeit

Eine Skitour durchs Hochgebirge ist immer mit Gefahren verbunden. Orientierungsprobleme bei schlechter Sicht können auftreten in den Etappen I (Verwechslung des Kronenjochs mit dem Sattel P. 2958 zwischen Breite Krone und Krone), III (zwischen Silvrettapaß und Litzner Sattel) und IV (zwischen Seelücke und Hinterbergjoch). Das heißt also, daß die erwähnten Etappen nie bei schlechter Sicht (Nebel, Sturm) angegangen werden sollten.
Spaltengefahr relativ gering bei normalen Schneeverhältnissen (selbst im schneearmen März 1972 war keine ernsthafte Spaltengefahr zu beobachten); außerdem werden weite Strecken der Etappen I, II und III, die vorwiegend über Gletscher führen, bei guten Schnee- und Wetterverhältnissen viel befahren, so daß man sich auf der »Piste« weitgehend sicher fühlen kann.
Lawinen- und Schneebrettgefahr: Bei akuter Lawinen- oder Schneebrettgefahr ist jede Skitour gefährlich. Die Rätia-Skihochroute hat allerdings den wertvollen Vorteil, daß man sich über die Schneesituation genauestens informieren kann: Das Eidgenössische

Institut für Schnee- und Lawinenforschung, Weißfluhjoch-Davos (Tel. 083-53264) liegt nur 17 km Luftlinie vom östlichsten Punkt (Piz Tasna) und 12 km vom westlichsten Punkt (Lenzerheide) der Route entfernt, man bewegt sich also im direkten Beobachtungsbereich der erfahrensten Schnee- und Lawinenforscher Europas. Noch 14 Tage vor unserem Start herrschten in der Silvrettagruppe ausgesprochen schlechte und gefährliche Schneeverhältnisse, so daß wir hinsichtlich der Durchführbarkeit ernste Bedenken hatten. Einen Tag vor dem Start enthob uns ein Anruf auf dem Weißfluhjoch der schlimmsten Sorgen; die Lawinenforscher gaben einen sehr detaillierten Lagebericht durch, wir konnten beruhigt beginnen. Freilich kann sich die Situation von Tag zu Tag ändern (Schneefall, Sturm), aber auch unterwegs sind Informationsmöglichkeiten geboten: Erstens können die Hüttenleute in den ersten drei Etappen ihren Bereich recht gut einschätzen, zweitens besteht von allen drei Hütten Sprechfunkverbindung ins Tal, von wo wiederum der neueste Weißfluhjoch-Lagebericht eingeholt werden kann. Diese aufgezeigten Möglichkeiten, sich über die jeweilige Gefährlichkeit zu unterrichten, halte ich für außergewöhnlich wichtig; wer sich in dieser Richtung nicht kümmern zu müssen glaubt, dem ist nicht zu helfen. Keine mir bekannte Skihochroute kann so wirklichkeitsnah von Lawinenforschern beurteilt werden wie die Rätia-Skihochroute.

Ausrüstung

Über die »ideale« Skiausrüstung kann man freilich geteilter Meinung sein, aber die Vorzüge des Kurzskis und einer echten Tourenbindung, die einen möglichst hohen Fersenhub gewährleistet, haben sich allmählich herumgesprochen. Und daß nicht genau sitzende Steigfelle ärgerlich sind, ist auch bekannt. Bergausrüstung: Je Gruppe (2–4 Personen) 1 Seil (9 mm/30 bis 40 m), 1 Eispickel, 2 Reepschnüre (7 mm/3,5 m), 2 Eisschrauben oder -haken und 2 Karabiner für Ernstfälle wie z.B. Spaltensturz usw.; 1 Biwaksack als Wetterschutz; 1 Kompaß, 1 Höhenmesser zur Orientierung und Wetterbeobachtung, 1 Taschen-Apotheke; etwas Reparaturzeug. Pro Person eventuell Leicht- oder Halbsteigeisen, 1 Lawinenschnur (im Skistock am vorteilhaftesten!), noch besser: elektronische Lawinensuchgeräte; warme Kleidung, Sonnenschutzmittel und -brille sind selbstverständlich.

Karten und Führer

Alle in diesem Führer gemachten Höhenangaben sind der Landeskarte der Schweiz, deren Blätter wir auch auf der Tour ausschließlich benützten, entnommen: Als Übersichtskarte (1:100000) für das gesamte Gebiet zwischen Scuol und Lenzerheide das Blatt Nr. 39 »Flüelapaß«. Dazu die erstklassigen Detailkarten 1:50000 für die jeweiligen Tagesetappen:
Etappen I bis IV: Blatt 249 »Tarasp«,
Etappen IV bis VI: Blatt 248 »Prättigau«,
Etappe VII: Blatt 258 »Bergün«.
Zu beziehen durch die Eidgenössische Landestopographie, CH-3084 Wabern-Bern, oder durch den einschlägigen Kartenfachhandel. Wer zu den hier beschriebenen Bergen noch weitere Skiziele entlang der Rätia-Skihochroute anzugehen gedenkt, wird auf den »Silvretta-Skiführer« von Walther Flaig nicht verzichten können (Bergverlag Rudolf Rother, München); wer sich jedoch mit der Rätia-Skihochroute begnügt, braucht allein die vorliegende Beschreibung.

Proviant und leichter Rucksack

Beides unter einen Hut zu bringen, ist in der Regel schwierig. Da man aber nach jeder Etappe in gut bewirtschaftete Hütten oder in Skiorte kommt, bleibt einem das Schleppen eines schweren Rucksacks erspart. Ein wenig Tagesproviant für die bevorstehende Etappe kann man sich jeweils in der Hütte oder im nächsten Laden der Skiorte besorgen. Kurz: Mit einem 5 bis 7 kg leichten Rucksack wird man gut auskommen.

Kosten

Das billigste Skivergnügen ist die Rätia-Skihochroute freilich nicht. Allein die Bergbahn- und Rückfahrt-Kosten (von Lenzerheide nach Scuol) belaufen sich auf rund 200,– DM; in den drei Hütten muß man täglich (incl. Nächtigung) mit etwa DM 40,– bis 60,– und in den drei Skiorten täglich mit etwa DM 60,– rechnen.

Tips

Wird die Tour in zeitlicher Nähe der Osterfeiertage unternommen, ist die vorherige Reservierung in den drei Hütten unerläßlich. Das gleiche gilt auch für die Skiorte, mit deren Verkehrsbüros man sich spätestens am Abend vor dem Ankunftstag telefonisch in Verbindung setzen sollte. Verschiebt sich die Ankunft in einer der drei Hütten um einen Tag (z.B. durch Schlechtwetter), kann über Sprechfunk via Tal Nachricht durchgegeben werden. Überhaupt wird man diese Funkverbindung bald zu schätzen wissen, können doch auch z.B. Angehörige über den jeweiligen Stand der Dinge benachrichtigt (beruhigt) werden; alle wichtigen Telefonnummern in der jeweiligen Etappenbeschreibung.

Interessante Zahlen

Die Gesamtlänge der Rätia-Skihochroute von Scuol bis Lenzerheide beträgt 145 km, die sich wie folgt aufteilen:

Bergbahnen:	23,5 km/ 5 500 Höhenmeter
Aufstieg:	42,0 km/ 3 200 Höhenmeter
Skiabfahrt:	70,5 km/10 600 Höhenmeter
Innerorts: ca.	9,0 km

Am anstrengendsten ist die Etappe III (sechs bis sieben Gehstunden), am gemütlichsten die Etappe VII (eine Aufstiegsstunde). Man lernt 4 bekannte Hütten kennen (1 unbewirtschaftet), besteigt 3 berühmte Dreitausender, überschreitet oder berührt 18 Joche, 11 Gletscher; man gelangt in 15 Täler, 5 bekannte Skiorte und benützt 14 verschiedene Bergbahnen. Schließlich wird sechsmal die Staatsgrenze Schweiz–Österreich überschritten – ohne einen Grenzposten zu sehen, was ein freiheitliches Hochgefühl vermittelt –, und man bewegt sich in Bundesländern bzw. Kantonen: Tirol und Vorarlberg (Österreich), Graubünden (Schweiz).

Sprache

Sprachprobleme gibt es auf der Rätia-Skihochroute keine. In den Hütten Tirols und Vorarlbergs wird, wenn's notwendig ist, »gepflegter« Dialekt gesprochen. Auf Schweizer Seite jedoch lernt man den rätoromanischen Sprachraum kennen.

Die 7 Teilabschnitte

Etappe I

Scuol (1250 m) – Bergbahnen bis 2800 m – Piz Tasna (3179 m) – Kronenjoch (2981 m) – Jamtalhütte (2165 m); total 25 km, 6 km Bergbahnen (1700 Höhenmeter), 5,5 km Aufstieg (880 Hm), 14 km Abfahrt (1800 Hm); dreieinhalb bis vier Aufstiegsstunden. Junge Leute oder Gruppen, die mit dem Fränkli hart rechnen müssen, finden in der Chamanna Motta Naluns (Tel. 084-90779) günstige Unterkunftsmöglichkeit. Bezüglich der Preise ist zu sagen, daß sich in Scuol alles noch im »Rahmen« hält.

Route

Von Scuol mit der Gondelbahn nach Motta Naluns (2146 m), weiter mit einem der drei Schlepplifte zur Chamanna Naluns (2358 m); Abfahrt (nordöstlich) nach Jonvrai und mit weiterem Lift nach Mot da Ri (2600 m). Von hier kurze Abfahrt nordöstlich zum Champatschlift und mit ihm zu seiner Bergstation (2800 m). Am günstigsten für die Auffahrt ist eine Halbtageskarte. In wenigen Minuten auf den Nordwestrücken des Piz Champatsch (2919 m), dessen Gipfel praktisch im »Vorbeigehen« bestiegen werden kann: Über den Nordwestrücken etwa 15 Minuten

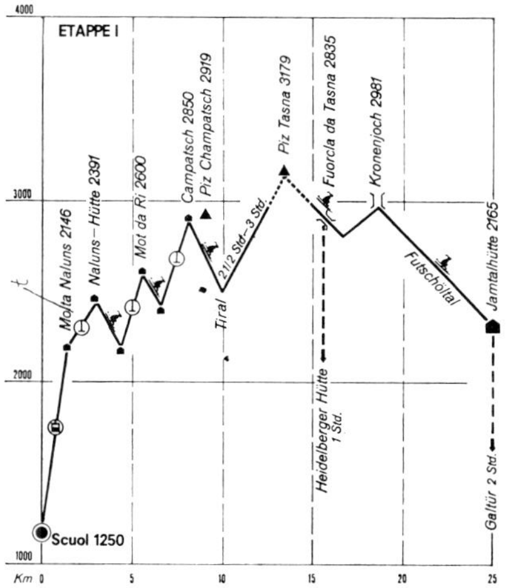

◁ *Aufstieg zum Piz Tasna aus dem Kessel von Tiral, in den von der Bergstation des Champatsch-Lifts (verdeckt) rechts der Gipfelpyramide des Piz Champatsch abgefahren wird. Die Spur unterhalb des Gipfels führt nach links in die Fuorcla Soèr, von der die Traumpiste nach Scuol oder Sent führt.*

hinauf zu den Felsen. Skidepot. Über den felsigen Nordgrat, den man am besten westseitig überwindet, in wenigen Minuten auf den Gipfel. Sehr lohnende Aussicht in die Silvretta, zur Lischanagruppe sowie zu den Bergen des Nationalparks. Wieder zurück zum Nordwestrücken, Beginn der eigentlichen Tour mit dem Piz Tasna (3179m), erstes Gipfelziel.
Der Piz Tasna gehört zu den schönsten und lohnendsten Ski-Dreitausendern der Silvrettagruppe. Sein Massiv befindet sich jedoch noch vollkommen auf Schweizer Gebiet. Während seine Besteigung von der Heidelberger Hütte im Fimbertal viereinhalb bis fünf Stunden und vom Jamtalhaus sechs bis sieben Stunden in Anspruch nimmt, braucht man vom Champatschlift nur noch zweieinhalb bis drei Stunden; er ist somit der am schnellsten erreichbare Silvretta-Dreitausender.
Abfahrt über den herrlichen Nordhang in die große Talmulde »Tiral«. Wird die Spur zuunterst in den Osthang des Piz Tasna gelegt, gelangt man in den kleinen Kessel westlich von P. 2705.3 Mot, wo die Felle angeschnallt werden. Der Aufstieg beginnt nach Westen durch einen kleinen Einschnitt zum Gletscher Vadret da Tasna (Achtung: Spalten!); über ihn erreicht man südwestlich den Gletschersattel bei P. 2920. Weiter über den Gletscher südlich hinauf zur Schulter des Ostgrates. Skidepot. Zu Fuß über den Grat, zuletzt felsig, auf den Gipfel. Die Rundsicht vom Piz Tasna ist ganz außergewöhnlich imposant: Im Süden ist das mächtige Ortler-Massiv zu erkennen, im Südwesten beherrschen die Eiskolosse der Bernina-Gruppe das Bild.
Wieder zurück zum Skidepot, prächtige und leichte Abfahrt nordwestlich über den Gletscher zur Fuorcla da Tasna (2835m) und noch ein Stück nördlich hinab (Fimbertal) bis auf etwa 2800m, um gleich anschließend links (westlich) in das Gletscherkar zwischen Breite Krone (3079m) und Krone (3186m) aufsteigen zu können. Nach etwa 45 Aufstiegsminuten wird südwestlich das »Falsche Kronenjoch« (2958m) erreicht. Achtung: Bei schlechter Sicht besteht hier höchste Gefahr, sich südlich abfahrend in das Val Urschai bzw. Val Tasna verleiten zu lassen (anfangs harmlos, dann sehr steil, teils felsig, sehr lawinengefährlich)!!
Das richtige Kronenjoch (2881 m) befindet sich knapp 300m rechts (nordwestlich) des »falschen« und ist mit einer Tafel gekennzeichnet; etwa 10 Minuten vom falschen Kronenjoch. Am Kronenjoch beginnt die hinreißend schöne 800-Meter-Abfahrt westlich hinab und nordwestlich hinaus durchs 6,5km lange Futschöltal zur Jamtalhütte (2165m). Die ersten hundert Meter sind meist verblasen und reichlich steil, dann jedoch sind keinerlei Schwierigkeiten geboten. Bei Lawinen- oder Schneebrettgefahr keinesfalls die rechtsseitigen Hänge des Tales anfahren!

Jamtalhütte

Das moderne und bestens geführte Haus der Sektion Schwaben (Stuttgart) des Deutschen Alpenvereins an der Mündung des Futschöltales ins Jamtal hat 70 Betten, 125 Matratzenlager, elektrisches Licht, Zentralheizung; Winterraum mit 4 Lagern und 10 Decken (zugänglich mit AV-Schlüssel). Im Winter voll bewirtschaftet vom 15. Februar bis Ende Mai durch Bergführer Franz Lorenz, Anschrift: Jamtalhütte, A-6563 Galtür 68, Tel. 05443-206 (Sprechfunkverbindung ins Tal). Schnellster Zugang: Von Galtür im Paznauntal in dreieinhalb bis vier Stunden durchs 10km lange Jamtal; Gepäck- und nach Bedarf auch Personentransport mit »Schneekatze«. Bei Schlechtwettereinbruch usw. kann hier die Rätia-Skihochroute gefahrlos abgebrochen werden.
Die Jamtalhütte ist ein hervorragender Stützpunkt für großartige Skiunternehmungen im weiten Bereich zwischen Piz Tasna und Dreiländerspitze. Am interessantesten und großzügigsten ist zweifellos die »Große Jam-Rundfahrt« mit folgendem Ablauf: Jamtalferner – Jamspitzen – Fuorcla d'Urezza – Fuorcla und Piz Urschai – Augstenberg – Chalausscharte – Chalausferner. Hier fallen einem fünf beachtliche Dreitausender und traumhaft schöne Gletscherabfahrten zu (auch umgekehrter Ablauf ist sehr lohnend, je nach Schneeverhältnissen; Hüttenwirt Franz Lorenz erteilt gerne Auskunft).

Etappe II

Jamtalhütte (2165m) – Jamtalgletscher – Ochsenscharte (2970m) – Dreiländerspitze (3197m) – Vermuntgletscher – Wiesbadener Hütte (2443m); total 11,5km, 7km Aufstieg (1030 Höhenmeter), 4,5km Abfahrt (700 Hm); dreieinhalb Aufstiegsstunden.
Von der Jamtalhütte zunächst südwestlich hinab in den Talgrund und rechtshaltend über die Steilstufe

Oben links: Der Große Piz Buin in der Silvretta wird im Rahmen der Rätia-Skihochroute erstiegen. Oben rechts: Am vierten Tag der Rätia-Skihochroute genießt man den Ausblick vom Plattenjoch zurück zum Großlitzner (links), Großen Seehorn und zu den kleinen Seehörnern (rechts). Unten links: Blick vom Gipfel des Piz Buin gegen Osten zu den Fluchthörnern; im Mittelgrund rechts die Dreiländerspitze. Unten rechts: Abfahrt vom Plattenjoch zur Tübinger Hütte.

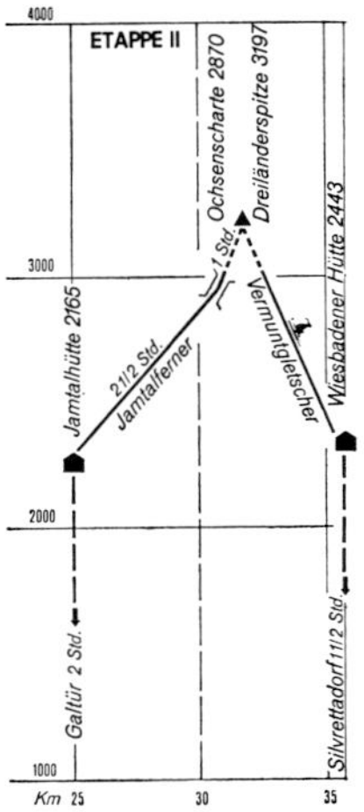

auf die Zunge des Jamtalferners. Nahe des nördlichen Gletscherrandes, durch die flachen Mulden aufwärts, zuletzt einigen Spalten ausweichend und westlich steil – zeitweise Bergschrund! – in die Obere Ochsenscharte (2970 m).

Achtung: Auf der Landeskarte der Schweiz (Blatt »Tarasp« Nr. 249) ist nur die Untere (nördliche) Ochsenscharte mit Höhenzahl angegeben (2913 m); wegen Gletscherrückgangs kann nur noch die Obere (südliche) Ochsenscharte am Fuße des Nordsporns der Dreiländerspitze gefahrlos überschritten werden; von der Jamtalhütte zweieinhalb bis drei Stunden. Wer sich nicht des empfohlenen »Leichtrucksacks« erfreut, kann das gewichtige Ärgernis nahe des Jochs deponieren, um wenigstens einen erleichterten Aufstieg zur Dreiländerspitze genießen zu können. Von der Ochsenscharte zuerst westlich in die Nordwestflanke der Dreiländerspitze, über sie, immer steiler werdend, hinauf und rechts auf die Schulter des Westgrates, Skidepot. Über den leichten und nur noch knapp 80 m hohen Nordwestgrat auf den Vorgipfel, der durch den kurzen, aber schmalen und ausgesetzten Südostgrat vom etwas höheren Hauptgipfel getrennt ist; über den Südostgrat in wenigen Minuten zum Gipfelkreuz (mit Buch), von der Ochsenscharte eine Stunde. Wer nicht über absolute Trittsicherheit verfügt, spare sich den Hauptgipfel. Die in den Fels eingelassene Landmarke – eine der bedeutendsten in den Alpen – kennzeichnet das Zusammentreffen der Dreiländergrenzen: Graubünden, Tirol, Vorarlberg. Prächtiger Rundblick zu den nahen Silvrettabergen, Abstieg zum Skidepot, herrliche 700-Meter-Abfahrt (4,5 km) nordwestlich hinab über den Vermuntgletscher zur Wiesbadener Hütte (2433 m).

Wiesbadener Hütte

Sie ist die zweithöchste Silvretta-Hütte und steht auf der rechten Seitenmoräne des Vermuntgletschers im obersten Ochsental. Eigentum der Sektion Wiesbaden des Deutschen Alpenvereins, 38 Betten, 125 Matratzenlager, elektrisches Licht, Zentralheizung, Sprechfunkverbindung mit der Bieler Höhe/Silvrettadorf. Winterbewirtschaftung von Mitte Februar bis 1. Mai. Adresse: Wiesbadener Hütte, Frau Berta Lorenz, A-6563 Galtür/Paznauntal, Tirol, Telefon: 05443-219. Kürzester Hüttenzugang von der Bieler Höhe/Silvrettadorf – zu erreichen von Partenen im Montafon (Vorarlberg) oder Galtür im Paznauntal (Tirol) – über den Silvrettasee oder über sein Ostufer zum südlichen Seespitz und südöstlich durchs Ochsental aufwärts, zuletzt links über den Steilhang zur Hütte, zweieinhalb bis drei Stunden.

Bei Schlechtwettereinbruch kann über diese Route die Rätia-Skihochroute abgebrochen werden; von der Hütte zur Bieler Höhe eineinhalb bis zwei Stunden.

Auch von der Wiesbadener Hütte aus sind zahlreiche und sehr lohnende Skitourenmöglichkeiten geboten.

Eine der zweifellos interessantesten Unternehmungen ist die Tuoi-Runde, die allerdings mehr skialpinistisches Können voraussetzt wie die Rätia-Skihochroute: Von der Hütte über den Ochsentaler Gletscher zur Fuorcla dal Cunfin (gleich wie Rätia-Skihochroute), Abfahrt südlich über den Silvrettagletscher zur Mittagsplatte (2875 m, Plan Mezdi), Aufstieg über die rechte (westliche) Begrenzung der Piz-Fliana-Nordwestflanke und über den leichten Grat auf den Gipfel des Piz Fliana (3281 m). Bei sehr guten Schneeverhältnissen (Firn) kann die Nordwestflanke befahren werden. Abfahrt zur Mittagsplatte, östlich hinab über den Plan-Rai-Gletscher und die anschließenden Steilhänge zur Tuoi-Hütte (2250 m, SAC) im obersten Val Tuoi. Die Tuoihütte ist jetzt bewirtschaftet von ca.

Mitte Februar bis Anfang Mai. Sie hat noch typischen Hüttencharakter und man ist hier sehr gut aufgehoben. Adresse: Fam. Battesta Albin, 7504 Pontresina, Tel. 082/67541. (Die Hütte kann nicht direkt durch Telefon erreicht werden.) Aufstieg nördlich zum Vermuntpaß (2798 m), der schon in früher Zeit Übergang und Grenzpaß war und bedeutende Vergangenheit hat. Schließlich Abfahrt über den Vermuntgletscher zur Hütte; sieben bis neun Stunden, nur bei absolut sicheren Schneeverhältnissen!

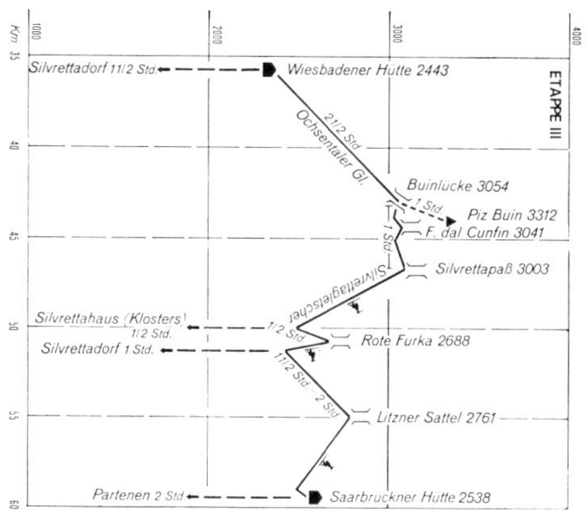

Etappe III

Wiesbadener Hütte (2443 m) – Ochsentaler Gletscher – Piz Buin (3312 m) – Fuorcla dal Cunfin (3042 m) – Silvrettapaß (3003 m) – Rote Furka (2688 m) – Litzner Sattel (2761 m) – Saarbrücker Hütte (2538 m); total 22 km, 15 km Aufstieg (1600 Höhenmeter), 7 km Abfahrt (900 Hm); sechs bis sieben Aufstiegsstunden. Anstrengendste Etappe.

Von der Wiesbadener Hütte zunächst südlich fast eben auf den Vermuntgletscher und rechts (westlich) auf den Felsrücken, der Vermunt- und Ochsentaler Gletscher trennt. Oberhalb von P. 2666 westlich hinab zum Ochsentaler Gletscher, der unterhalb des großen Eisbruchs nach rechts (Westen) gequert wird bis zum Fuße des Silvrettahorn-Ostsporns (etwa 2800 m). In der steilen Gletschermulde zwischen Bruch (links) und Felsen (rechts) hinauf auf den oberen, fast flachen Gletscher. Auf ihm südöstlich in die Buinlücke (3054 m, Fuorcla Buin) zwischen Großem (links) und Kleinem Buin. Ski- und Rucksackdepot.

Linkshaltend über die Westflanke hinauf zur Westgrat-Schulter und entlang des leichten Grates auf die Gipfelabdachung, über die man ohne Schwierigkeit den Gipfel erreicht. Bei Vereisung oder Trittunsicherheit ist Seilsicherung ratsam; dreieinhalb Stunden von der Hütte. Vom höchsten Gipfel Vorarlbergs bietet sich eine hervorragende Fernsicht: im Westen die Berner Alpen, im Süden die Engadiner Berge mit Bernina, ganz im Süden Ortler, im Osten die Ötztaler Alpen. Abstieg zum Skidepot, dann fast waagrecht westlich über den Gletscher in Richtung Fuorcla dal Cunfin (3042 m), die nach kurzem Aufstieg erreicht wird; 20 bis 30 Minuten von der Buinlücke. Wenige Meter westlich hinab auf den Silvrettagletscher, leichte Schrägfahrt in nordwestlicher Richtung und sanfter Aufstieg westlich auf den schwach ausgeprägten Silvrettapaß (3003 m); eine Stunde von der Buinlücke.

Dann äußerst genußreiche, sehr leichte 400-Meter-Abfahrt nordwestlich über den 3,5 km langen Silvrettagletscher bis auf etwas 2600 m zum Südfuß der Roten-Furka-Steilflanke.

Achtung: Von hier kann die Silvretta-Hütte (2341 m) westlich abfahrend in 15 bis 20 Minuten erreicht werden. Die Silvrettahütte ist bewirtschaftet ca. von Anfang März bis Anfang Mai. Sie wird ausgezeichnet geführt von der Fam. V. Caviezel (Tel. 083/41306).

Die knapp 100 m hohe Rote-Furka-Steilflanke kann bei schlechten Schneeverhältnissen sehr mühsam sein; eventuell müssen sogar die Ski getragen werden.

Von der Roten Furka zwei Möglichkeiten:

a) Kurze Abfahrt nordwestlich in die westlichste Firnmulde des Klostertaler Gletschers bis auf etwa 2600 m und nördlich auf die hier breiten Hangterrassen in Richtung Zollwachhütte (2623 m). An ihr links vorbei und weiter nördlich auf den immer schmäler werdenden Terrassen, fast ohne Höhenverlust, in das Verhupftäli; ein bis eineinhalb Stunden von der Roten Furka, kürzer als Möglichkeit b), jedoch nur bei sicheren Schneeverhältnissen ratsam.

b) Von der Roten-Furka-Abfahrt wie oben in die westlichste Firnmulde des Klostertaler Gletschers, dann jedoch nicht nach links in Richtung Zollwachhütte, sondern weiter über den Gletscher hinab ins Klostertal bis auf etwa 2300 m, wo links bereits das steile Verhupftäli zu erkennen ist. Links (südlich) des Verhupfbaches in kurzen Kehren steil hinauf und nach 30 bis 40 Minuten in das obere, flachere Verhupftäli, wo beide Routen zusammentreffen; jedoch sicherer.
Dann westlich auf den kleinen Gletscher »Im Glötter« und nördlich auf den Litzner Sattel (2761 m); eineinhalb bis zwei Stunden von der Roten Furka.
Achtung: Bei plötzlichem Schlechtwettereinbruch im Bereich der Einmündung des Verhupftäli ins Klostertal (siehe Möglichkeit b) in einer Stunde durchs Klostertal und über den Silvrettastausee zur Bieler Höhe (Silvrettadorf).
Vom Litzner Sattel nordwestlich hinab auf den Litznergletscher und links ausholend zur kurzen Steilstufe, auf der sich die Saarbrücker Hütte (2538 m) befindet; 30 Minuten vom Litzner Sattel.

Saarbrücker Hütte

Höchste Silvretta-Hütte auf der Schulter des Kl. Litzner Südostgrates, einem richtigen Aussichtsbalkon. Eigentum der Sektion Saarbrücken des Deutschen Alpenvereins, 26 Betten, 40 Matratzenlager, 10 Notlager; Sprechfunkverbindung mit der Bieler Höhe/Silvrettadorf (Tel. 05558-246). Bewirtschaftet von Mitte oder Ende Februar bis Ende April, Adresse: Saarbrücker Hütte, Bergführer Willi Weisskopf, A-6551 Pians 37/Tirol.
Kürzester Zugang von Partenen im Montafon mit Vermuntbahn zur Station Tromenier, dem Bahngleis entlang in 40 bis 50 Minuten zum Vermuntstausee und vom Südende des Sees in eineinhalb bis zwei Stunden südlich durchs Kromertal zur Hütte.
Bei Schlechtwetter kann die Rätia-Skihochroute auf diesem Weg auch abgebrochen werden. – Von der Saarbrücker Hütte aus sind ebenfalls sehr lohnende Skitourenmöglichkeiten geboten. Besonders großzügig ist die »Große Kromertal-Rundfahrt«: Seelücke – Seegletscher – Kromergletscher – Kromertal – Saarbrücker Hütte, dreieinhalb bis viereinhalb Stunden, sehr abwechslungsreich, leicht.

Etappe IV

Saarbrücker Hütte (2538 m) – Seelücke (2772 m) – Seegletscher – Plattenjoch (2728 m) – Tübinger Hütte (2191 m) – Hinterbergjoch (2637 m) – Vergaldnertal – Gargellen (1423 m); total 17,5 km, 5 km Aufstieg (850 Höhenmeter), 12,5 km Abfahrt (1900 Hm); dreieinhalb bis vier Aufstiegsstunden.
Bei guten Schneeverhältnissen braucht man von der Hütte gar nicht erst den Hüttenhang hinab, sondern kann mit nur wenig Höhenverlust westlich in die große Mulde am Südfuß des Kl. Litzners gelangen. Durch die Mulde hinauf in Richtung Großes Seehorn, dann rechtshaltend in die Seelücke, wo sich ein Unterstand der österr. Zollwache befindet; 45 bis 60 Minuten von der Hütte. Westlich der Seelücke herrliche Abfahrt (etwa 1 km) über den Seegletscher in nordwestlicher Richtung bis auf etwa 2600 m, um rechts (nördlich) in den Auslauf des von Plattenjoch und Schweizerlücke herabstreichenden Kares zu gelangen. Durch die Mulde hinauf und links (nordwestlich) sehr steil ins Plattenjoch (2728 m), eine Stunde von der Seelücke. Jenseits des Jochs außergewöhnlich schöne und rassige Abfahrt durch die steile Firnmulde hinab, zuletzt besonders steil, bis nahe der Tübinger Hütte

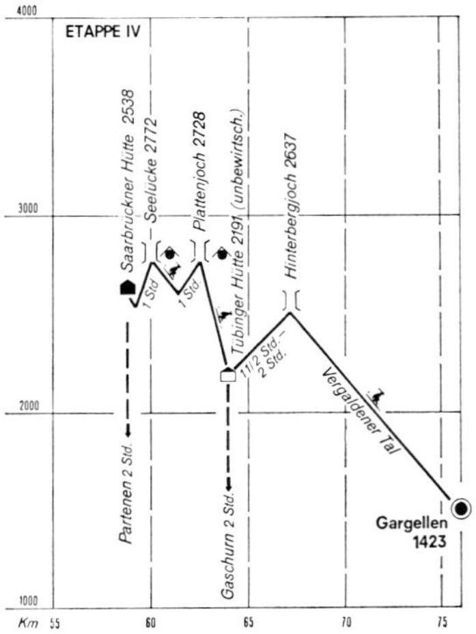

(2191 m, im Winter unbewirtschaftet; Winterraum nur mit AV-Schlüssel zugänglich). Bei unsicheren Schneeverhältnissen sollte der untere Steilhang gemieden werden: Nach etwa 200 m Abfahrt sieht man rechts im Grat ein markantes Joch, das »Skijoch«, über das man auf weniger steilem Gelände (riesige Felsblöcke) zur Tübinger Hütte gelangen kann.
Achtung: Bei Schlechtwettereinbruch kann von hier die Rätia-Skihochroute nördlich durchs Garneratal nach Gaschurn abgebrochen werden, zwei Stunden.
Westlich der Hütte in Richtung Zollwachhütte (2196 m) aufsteigen, links der Hütte nordwestlich weiter, um später nördlich zu dem schmalen Talgraben, vom Kar unterm Hinterbergjoch herabziehend, zu gelangen. Am besten rechts (nördlich) dieses Grabens hinauf in die besagte Karmulde und zuletzt sehr steil hinauf ins Hinterbergjoch (2637 m); bei Lawinen- oder Schneebrettgefahr wird eine der vorspringenden Felsrippen (Ski tragend) benützt. Von der Tübinger Hütte eineinhalb bis zwei Stunden. Anschließend großartige 1200-Meter-Abfahrt durch das 9 km lange Vergaldnertal nach Gargellen (1423 m).

Gargellen

»Gargella«, wie die Montafoner sagen, ist ein junger, aufstrebender Skiort im Gargellner Tal, einem südlichen Seitental des hinteren Montafon; von Schruns (Bahnstation und Hauptort des Montafon) mit Bus (15 km) auf ausgebauter Straße erreichbar. Gargellen gehört zur Montafoner Gemeinde St. Gallenkirch und bildet mit seinem Tal die Grenze zwischen Silvretta im Osten und Rätikon im Westen. Rund 30 Hotels, Gasthöfe und Pensionen. Informationen, Prospekte und Reservierungen über den Verkehrsverein, A-6787 Gargellen/Vorarlberg, Tel. 05557-6303.
In der Woche vor und nach Ostern ist telefonische Reservierung unbedingt notwendig; notfalls kann nach St. Gallenkirch (9 km, günstige Busverbindung), wo es um diese Zeit immer Platz gibt, sogar zu niedrigeren Preisen, ausgewichen werden.
Der Schafberg südwestlich des Dorfes ist mit seinen Ost-, Südost- und Nordhängen Gargellens Pistengebiet: 2 Sessellift-Sektionen bis auf 2100 m, mehrere Schlepplifte bis auf 2300 m; Übungslifte im Talbereich. Gargellen ist idealer Stützpunkt für lohnende Skitouren in Silvretta und Rätikon.

Etappe V

Gargellen (1423 m) – Schafberg (2200 m; Lifte) – Gafier Joch (2415 m) – Gafier Platten – Rätschenhorn (2703 m; Rätschenfluh) – Madrisa-Skigebiet – Klosters (1201 m) – Gotschnagrat (2285 m, Kabinenbahn) – Weißfluh (2834 m, Bergbahnen) – Davos (1560 m); total 29 km, 8 km Bergbahnen, 4,5 km Aufstieg (450 Höhenmeter), 15 km Abfahrt (2800 Hm), dreieinhalb Aufstiegsstunden.
Start möglichst um 8 Uhr mit dem Sessellift (1 mal umsteigen), bis zur Bergstation der zweiten Liftsektion auf dem Schafbergplateau (2100 m, Bergrestaurant), kurze Abfahrt zum unteren Schafberg-Schlepplift; von seiner Bergstation auf etwa 2300 m fährt man ein Stück die Piste ab, um gleich anschließend rechts in das westlich zum Gafierjoch hinaufziehende Madrisatäli zu gelangen. Durch das Tälchen über zwei kurze Steilstufen in eineinhalb Stunden ins Gafierjoch zwischen den Gargellenköpfen im Norden (2559 m, Gargäller Chöpf) und der Madrisagruppe im Süden. Vom Joch (Grenze) sehr schöner und informativer Blick südwestlich zum Rätschenhorn – nächstes Ziel – mit seiner kupierten Nordostabdachung (»Gafier Platten«).

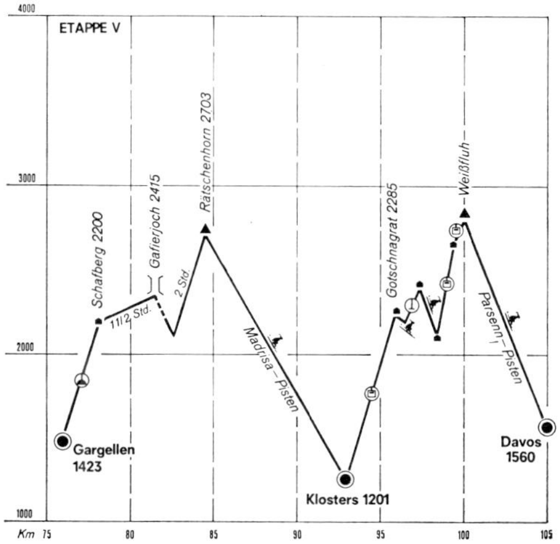

Zur Rätschenhorn-Besteigung bieten sich zwei Möglichkeiten an: a) ist schöner und weniger schwierig, aber nur bei absolut sicheren Schneeverhältnissen verantwortbar, da zwei außerordentlich steile Hänge, die nach unten felsig abbrechen, gequert werden müssen; b) ist schwieriger, jedoch kürzer und bei unsicheren Schneeverhältnissen weniger gefährlich.
a) Über den Juonengang: Vom Gafier Joch südlich (nahe des Grates) durch das schmale Juonentäli hinauf bis etwa 2500 m und rechts (westlich) den felsdurchsetzten Hang so lange queren, bis man rechts (westlich) zum Gafier-Platten-Kar abfahren kann, sehr steil; vom Gafier Joch 30 bis 45 Minuten.
b) Vom Gafier Joch direkt westlich hinab (Ski tragen!): die ersten 50 m sind sehr steil, meist windverblasene Schrofen, dann über den Schneehang, immer noch sehr steil, so weit hinab, bis man sich die Ski anzuschnallen getraut. Bei Vereisung oder Trittunsicherheit sind Seilsicherung oder Steigeisen (oder beides) sehr ratsam.
Dann über die Nordostabdachung (Gafier Platten) des Rätschenhorns ohne Schwierigkeit und Gefahr in eineinhalb bis zwei Stunden auf den plateauartigen Gipfel des Rätschenhorns (2703 m). Achtung in Gipfelnähe: Nordwestlich bricht die Rätschfluh 450 m fast senkrecht ab!
Unerhört interessanter Rundblick: im Osten die nahe, wildgezackte Madrisagruppe, im Süden das weitläufige Weißfluh-Parsenn-Skigebiet, das wir noch am gleichen Tag kennenlernen werden; im Westen das tief eingeschnittene Rheintal, über dem man die »Weiße Arena« von Flims-Laax deutlich erkennt, im Norden die mächtigen Felsklötze von Drusenfluh und Sulzfluh mit ihren berühmten Südwänden.
Beginn des kolossalen Abfahrtsvergnügens:
1500 Höhenmeter auf 9 km Länge nach Klosters. Vom Gipfel gleich südöstlich hinab ins Rätschenjoch und immer weiter südöstlich über hinreißend schöne Hänge ins Madrisa-Skigebiet von Klosters, zuletzt auf der Piste nach Klosters-Dorf (1124 m). Dann entweder mit der nächsten Rhätischen Bahn oder per Taxi oder zu Fuß die 2 km zur Talstation der Gotschnagrat-Seilbahn. Was folgt, ist reinster Pistengenuß, kontrastreiches Ausklingen eines übervollen Skitages: Gotschnagrat-Auffahrt, südwestliche Abfahrt zum Parsenn-Lift, mit ihm auf die Parsenn-Furgga (2443 m), Abfahrt zur Parsennhütte (2200 m), Auffahrt mit Kabinenbahn aufs Weißfluhjoch (2693 m) und weiter auf die Weißfluh (2843 m), um schließlich auf einer der Pisten das letzte Vergnügen des Tages einzuheimsen – hinab nach Davos-Dorf.
Wer den sieben herrlichen Pistengebieten von Davos und Klosters einen oder mehrere Tage widmen will – und das sind sie wahrhaftig wert –, fährt nach dem Rätschenhorn am besten gleich von Klosters mit der Rhätischen Bahn nach Davos, um ohne Rucksack noch unbeschwerter die Pistenfreuden genießen zu können.

Davos

Davos (1543 m) liegt im östlichen Teil Graubündens, zwischen jungem Inn und jungem Rhein, in einer mehr lieblichen als eindrucksvollen Landschaft, im Norden die Felsburgen des Rätikons, im Osten die Gletscherwelt der Silvretta. Von München 311 km, von Stuttgart 344 km, jeweils über Lindau – Landquart – Klosters.
Bahnreisende benützen ab Landquart bzw. Chur die Rhätische Bahn.
Davos ist schon keine »Skistation« mehr, sondern eine Skistadt, eine Weltstadt für Skifahrer, eines der begehrtesten Skizentren, die es gibt.
Informationen, Prospekte, Buchungen: Verkehrsverein, CH-7270 Davos/GR., Tel. 083-35135.

Etappe VI

Davos (1560 m) – Strelapaß (2352 m, Bergbahnen) – Chörbsch-Hütte (2575 m) – Schwifurgga (2519 m) – Arosa (1820 m); total 18 km, 4 km Bergbahnen (900 Höhenmeter), 5 km Aufstieg (450 Hm), 8 km Abfahrt (1000 Hm), vier Aufstiegsstunden.
Gleich mit der ersten Schatzalpbahn um 8.40 Uhr – von jedem Ortsteil alle 10 Minuten bestens funktionierender Busverkehr – Standseilbahnauffahrt nach Schatzalp (1861 m), weiter mit der Strelapaß-Gondelbahn zum Strelapaß (2352 m, Bergstation), kurze Pistenabfahrt zur Talstation des obersten Schlepplifts, der einen bis auf etwa 2500 m bringt. Südliche Abfahrt in die große Talmulde, die östlich des Strelagipfels (2636 m) eingelagert ist, bis auf etwa 2350 m, Beginn des Fellaufstiegs: Südlich auf den sanft geneigten

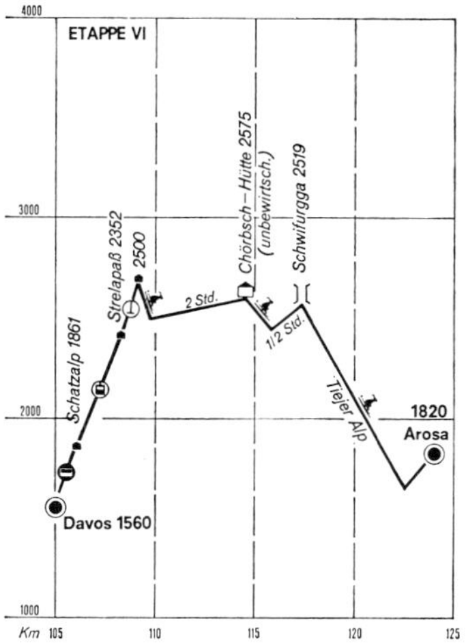

Rücken »Chilcher Berg«, über den man wenige Minuten westlich (rechts) aufsteigt, dann zuerst waagrecht, dann abfahrend (immer westlich) über den Strela-Südhang in die breite Talmulde und schließlich westlich nach kurzem Aufstieg in den breiten Sattel der Latschüelfurgga (2409 m), 30 bis 45 Minuten vom Strelapaß. Nun südlich, den Westhang des Wannengrats (2514 m) im Aufstieg querend, und wenige Meter hinab in das sattelartige Joch (P. 2453) zwischen Wannengrat und Chörbschhorn (2650 m). Anschließend stetig leichter Aufstieg in südöstlicher Richtung durch den Chörbschhorn-Südosthang zur unbewirtschafteten Chörbschhütte (2575 m), eineinhalb bis zwei Stunden vom Strelapaß. Genau 1250 m (Luftlinie) westlich sieht man bereits die Schwifurgga, den nächsten Übergang, zwischen Mederger Flue (2674 m) im Norden und Schafgrind (2634 m) im Süden. Von der Chörbschhütte hübsche Abfahrt westlich bis auf etwa 2400 m und Aufstieg in 20 bis 30 Minuten in die Schwifurgga (2519 m). Bei unsicheren Schneeverhältnissen steigt man nicht direkt zum tiefsten Punkt des Joches auf, sondern hält sich zuletzt rechts, um den Grat überm Joch auf der Mederger-Flue-Seite zu erreichen. Westlich interessanter Blick hinab nach Arosa und hinüber zum Arosa-Weißhorn-Skigebiet. Die folgende 6-km-Abfahrt (700 Hm) muß man mit »Sie« anreden, rassig, jedoch im ersten Teil bei unsicheren Schneeverhältnissen nicht ungefährlich: Zuerst etwas rechtshaltend (nordwestlich), um den Nordwesthang des Schafgrind nicht anzuschneiden, weiter unten sollte auch die Tiejer-Flue-Nordflanke gemieden werden, also auf der rechten Seite des Talgrabens westlich hinab zu den schönen und weniger steilen Hängen der Tiejer Alp, wo man, nahe der Waldgrenze, rechts oben das unbewirtschaftete »Naturfreunde«-Haus sieht. Nun zwei Möglichkeiten, um nach Arosa zu gelangen:

a) Bei gutem (schnellem) Schnee ab Wegweiser links in den hochromantischen Lärchenwald, einem rot markierten, leicht ansteigenden Weg folgend. Nach etwa 15 bis 20 Minuten verliert der Weg an Höhe und führt südöstlich zur großen Lichtung der Furggenalp (1695 m) und weiter südöstlich nach wenigen Minuten zum Stausee (1606 m). Schließlich auf der Fahrstraße hinauf nach Arosa.

b) Bei ungünstigem Schnee (z. B. tiefer Sulz- oder Pappschnee) vom Wegweiser nordwestlich über die Waldlichtungen abfahrend, dann nördlich auf Waldweg nach Sunnenrüti (1451 m) an der Hauptstraße von Langwies nach Arosa; auf ihr in 10 bis 15 Minuten in Richtung Arosa nach Litzirüti (1452 m), wo es übrigens günstige (billige) Nächtigungsmöglichkeiten gibt, und mit der Rhätischen Bahn nach Arosa.

Arosa

Das 1750 bis 1850 Meter hoch gelegene Arosa in Graubünden als lohnenden Skiort vorzustellen, wäre ein reichlich antiquiertes Unterfangen, denn es ist seit über fünfzig Jahren in aller Welt beliebt und auch jeden Winter von Skibegeisterten aus aller Herren Länder bevölkert. Daß Arosa aber auch ein idealer Stützpunkt ist für reizvolle Skitouren, ist weniger bekannt. Es bieten sich prächtige Kombinationen von Bergbahnauffahrt – Tour – Tiefschneeabfahrt an. Zum Beispiel die Runde Arosa – Hörnlihütte (Gondelbahn) – Urdenfürggli (eine Stunde Fellaufstieg) – Abfahrt nach Lenzerheide – Parpaner Rothorn (per Seilbahn) – Tiefschneeabfahrt zum Älplisee und nach Arosa; eine gemütliche Tagestour, die rund 25 km herrliche Ab-

Unterhalb der Ochsenscharte, die am zweiten Tag der Rätia-Skihochroute überschritten wird. Im Hintergrund das Silvrettahorn.

fahrtskilometer einbringt. Oder die Tiefschneeabfahrt von der Hörnlihütte über den Augstberg nördlich nach Tschiertschen. Oder die Möglichkeiten im einsamen Welschtobel mit den Südosthängen am Aroser Rothorn (2980 m). Nein, Arosa ist nicht nur ein Skiplatz mit einem Großsortiment vorbildlicher Pisten, sondern auch das Domizil für verwöhnte Tourenfüchse – am besten, man nimmt sich beides vor.
Zu erreichen von München (314 km) und Stuttgart (345 km) über Bregenz – Chur; Station der Rhätischen Bahn. Informationen, Prospekte, Buchungen: Kurverein, CH-7050 Arosa/GR., Tel. 081-31 16 21.

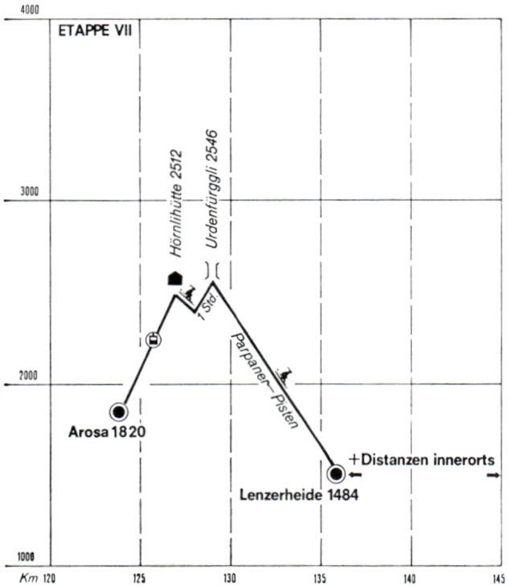

Etappe VII

Arosa (1820 m) – Hörnlihütte (2513 m, Gondelbahn) – Urdenfürggli (2546 m) – Lenzerheide (1484 m) – Rückreise nach Scuol; total 12,5 km, 3,5 km Bergbahn (600 Hm), 1 km Aufstieg (150 Hm), 7 km Abfahrt (1200 Hm).

Von Arosa Gondelbahn-Auffahrt zur Hörnlihütte (2513 m, Bergrestaurant), Skiabfahrt jenseits der Bergstation entlang des Tschirpen-Nordhangs hinab bis auf etwa 2400 m, dann Fellaufstieg westlich und nordwestlich aufs Urdenfürggli (2546 m), das man schon von der Hörnli-Bergstation aus sieht und nach einer knappen Stunde bequem erreicht. Wenn man vom Joch noch einige Minuten über den Rücken nördlich aufsteigt, ist eine interessante Rundsicht geboten: Gegen West und Nordwest sieht man fast den gesamten Ablauf der bewältigten Rätia-Skihochroute, ganz nahe im Süden das Parpaner Rothorn mit seiner Seilbahn-Gipfelstation. Abfahrt immer in südwestlicher Richtung, bald auf Pisten, zur Mittelstation der Parpaner-Rothorn-Seilbahn (1820 m) und schließlich westlich hinab zur Talstation (1488 m) nahe der Fernstraße Nr. 3 Chur – Julierpaß – St. Moritz beim Igl Lai (See) zwischen den Lenzerheide-Ortsteilen Lai (im Süden) und Valbella (im Norden).

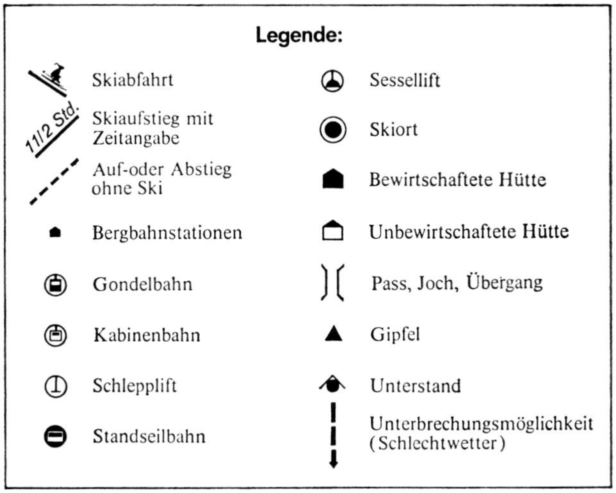

Lenzerheide

Lenzerheide (1476 m, Graubünden) liegt an der Schnellstraße Chur (18 km) – Julierpaß – Engadin und ist ein junger, aufstrebender Skiplatz von internationalem Rang: ca. 10000 Fremdenbetten in den drei Ortsteilen Lenzerheide – Valbella – Parpan. Das hochalpine Parpaner Rothorn (2861 m) bietet schneesichere Nord- und Nordwesthänge mit rassigen Abfahrtsvarianten.
Informationen, Prospekte, Buchungen: Verkehrsbüro, CH-7078 Lenzerheide-Valbella, Tel. 081-341588, und Kurverein, CH-7076 Parpan, Tel. 081-351263.

Rückreise

Wer mit dem eigenen Auto nach Scuol anreiste und das Fahrzeug dort deponierte, benützt am besten folgende Rückreise-Möglichkeit: Direkt unterhalb der Parpaner Rothornbahn eine PTT-Bus-Bedarfshaltestelle, Fahrt nach Tiefencastel (15 km), wo täglich etwa fünf Züge der Rhätischen Bahn durch den Albula-Tunnel über Samedan nach Scuol abgehen; etwa zweieinhalb Stunden Fahrzeit, eine der landschaftlich schönsten Bahnstrecken der Alpen (Albulabahn, erbaut 1896–1903). Es sind hier bewußt keine Fahrplan-Details, die sich immer wieder verändern, aufgeführt. Genaue Verbindungen kann man sich bereits vor dem Start im Bahnhof Scuol oder spätestens im Bahnhof Arosa geben lassen. Faustregel: Man sollte, wenn die Rückreise sofort erfolgen soll, gegen 12 Uhr bei der Parpaner-Rothornbahn-Talstation sein, was man von Arosa aus spielend schafft. Die sehr schnelle und problemlose Rückreisemöglichkeit gehört übrigens auch zu den Vorzügen einer gelungen Skihochroute.

Was, wann, wo?

Wissenswertes auf einen Blick

Allegra

Gruß der Rätoromanen, der soviel wie Freue Dich bedeutet und aus der Zeit stammt, als das Engadin von den mordenden und brandschatzenden Truppen Österreichs (siehe Chronik, Seite 48) heimgesucht wurde; mit Allegra munterten sich die Einheimischen gegenseitig hoffnungsvoll auf. »Allegra« ist der Titel der kostenlosen Informationsbroschüre der Kurorte Bad Scuol und Bad Tarasp-Vulpera, die in der Winter- und Sommersaison vierzehntägig erscheint.

Bäder

Die Heilbäder Scuol und Tarasp sind in der Regel von Mitte Mai bis etwa Ende September geöffnet; genaue Betriebszeiten teilt der Kurverein Bad Scuol und Bad Tarasp-Vulpera mit; siehe Informationen.

Bergschule Avrona

Ein 1955 gegründetes Rudolf-Steiner-Internat für Jungen und Mädchen der Schulklassen 1 bis 10. Das Internat ist durchschnittlich von 80 bis 90 Schülern besetzt. Schulbeginn nach Ostern. Die Schule befindet sich 3 km östlich von Tarasp in vollkommener Einsamkeit. Informationen: CH-7553 Tarasp, Telefon 084-91349.

Camping

Die Campingplätze des Unterengadins sind durchwegs schön und vor allem ruhig angelegt; der gediegenste ist sicher der in Sur En/Sent, mit Feuerstellen (besonders unter Kanuten sehr beliebt). Adressen:
CH-7550 Scuol, Tel. 084-91501
CH-7551 Strada, Tel. 084-93212
CH-7551 Sur En/Sent, Tel. 084-93544 oder 93252
CH-7530 Zernez, Tel. 082-81218 oder 81462

Canuists d'Engiadina

Die Engadiner Wildwasserkanuten haben sich 1975 in Scuol zur Gesellschaft Canuists d'Engiadina vereinigt; sie sind ausgezeichnete Inn-Kenner und stehen gerne beratend zur Verfügung: Adresse: Canuists d'Engiadina, CH-7550 Scuol, Tel. 084-90678.

Champatsch-Super-G

Volksskirennen auf der Traumpiste jedes Jahr im März. Start auf der Fuorcla Soer, Länge ca. 5 km, Höhenunterschied ca. 1000 m. Information: Seilbahn Motta Naluns, Tel. 084-91249.

Chasa Döss

Altes Engadiner Haus von 1693 als Dependance des Hotels Guardaval in Scuol im Besitz der Familie Regi mit herrlich erhaltenem Sulèr, wie man ihn sonst kaum mehr sieht.

Essen und Trinken

Zu den kulinarischen Hochgenüssen gehört die Engadiner Nußtorte, die fast von jeder gepflegten Konditorei/Bäckerei angeboten wird (auch zum Versand, sozusagen als süßer Gruß aus dem Engadin). Eine feine Sache ist auch das Birnenbrot. Zu den deftigen Gerichten gehören die Gerstensuppe (Schoppa da giuotta), auch die Bündner Platte (ähnlich wie die bayerische Schlachtplatte, aber ohne Knödel), ferner Maluns (gekochte, geriebene Kartoffeln und Mehl, gebraten) und Plain in pigna (geriebene und in Scheiben geschnittene Kartoffeln, Speck, Salami, evtl. Fleischreste, Mehl; ähnlich wie Auflauf gebacken). Schließlich auch noch Kartoffelpizokel (rohe Kartoffeln gerieben, Mehl, Milch; daraus Spätzleteig herstellen, in Salzwasser ziehen lassen, danach Käse überstreuen, abschmelzen). Die verschiedenen Bergkäsearten und natürlich das Bündner (Trocken-)Fleisch, auch Bindenfleisch genannt, sind allgemein beliebt. – Getrunken wird vorwiegend Veltliner.

Fischen

Die Angelzeit beginnt im Mai und dauert bis September. Wichtigste Fischwasser sind Inn, Spöl, Susasca, Tuoi- und Tasnabach, Clemgia, Uina und Brancla. Es gibt vorwiegend Forellen und Äschen. Die Tages-, Wochen- und Saison-Fischkarten gibt es in den zuständigen Gemeindeämtern und sind nicht billig.

Hallenbäder

2 in Scuol (Trü und Quadras), 1 in Vulpera, 1 in Zernez.

Heimatmuseum Unterengadin

Es befindet sich in Scuol sot (Unterdorf) und wurde 1954 gegründet. Das Chasa gronda aus dem Jahre 1104 war ursprünglich ein Kloster, das der Kastellan Heinrich von Tarasp 1146 aufhob und nach St. Stefan bei Burgeis im Vinschgau (Südtirol) verlegte (heutiges Kloster Marienberg). Besondere Prunkstücke sind die Arvenstube aus dem Jahre 1702, die älteste Engadin Stüva (Stube, 1600, Lavin) und ein Exemplar der ersten romanischen Bibel, 1679 in Scuol gedruckt. Darüber hinaus kann man sich ein abgerundetes Bild machen über Kultur, Leben und Wohnstil (Engadiner Tracht) des Tales. Schließlich sind auch prähistorische Funde in der ehemaligen Chaminada (Vorratskammer) ausgestellt. Interessant ist die Kopie eines Bergwerkstollens – einzige der Schweiz – mit einigen Originalwerkzeugen früherer Knappen aus den Silber- und Bleiminen des Val S-charl. Zu guter Letzt sei auch noch der vorletzte Engadin-Bär erwähnt, der 1904 im Val S-charl erlegt wurde.

Öffnungszeiten:

Mai bis Juni	Dienstag, Donnerstag 15–17 Uhr
Juli bis September	Dienstag bis Freitag 10–11.30 Uhr 15–17 Uhr
Oktober	Dienstag, Donnerstag 15–17 Uhr
Winter	Mittwoch Führung 17 Uhr

Hochalpines Töchterinstitut Ftan

Das 1916 gegründete Institut besteht aus Gymnasium (Matura/Abitur), Handelsschule (Diplom) und Sekundarschule (90 Schülerinnen). In seiner landschaftlich und klimatisch vorzüglichen Lage (1712 m) und mit seinem sportlichen Akzent, der sommers wie winters gepflegt wird, erwarb sich das Institut internationales Ansehen; Semesterbeginn im Frühling. Anschrift: CH-7551 Ftan, Tel. 084-90222.

Informationen, Adressen

Schweizer Verkehrsbüro, D-6000 Frankfurt (Main), Kaiserstraße 23, Tel. 0611-636061; allgemeine Schweiz-Informationen, Buchungen, Ferienbilletts.
Verkehrsverein für Graubünden, CH-7001 Chur, Alexanderstr. 24, Tel. 081-221360; allgemeine Informationen über das gesamte Engadin; Buchungen.
Kur- und Verkehrsverein CH-7550 Bad Scuol, Tel. 084-99494; ausführliche Informationsunterlagen und Auskünfte über das gesamte Unterengadin, speziell natürlich über den Raum Scuol; medizinisch geprüfte Angaben für jeglichen Kurbetrieb; Buchungen.
Bergbahnen Scuol-Motta-Naluns, CH-7550 Bad Scuol, Tel. 084-91249; Informationen über Wanderungen im östlichen Silvrettagebiet.
Verkehrsverein Bad Tarasp-Vulpera, CH-7552 Vulpera, Tel. 084-90944; Informationen über alle Sommer- und Wintermöglichkeiten, Buchungen.

Ein ehemaliges Hospiz, vermutlich von Johannitern betreut; heute ist es als Knaben-Ferienheim ausgebaut.

Verkehrsbüro CH-7551 Ftan, Telefon 084-90557; Informationen und Buchungen.
Verkehrsbüro CH-7549 Ardez, Tel. 084-92330
Verkehrsbüro CH-7545 Guarda, Tel. 084-92342
Verkehrsbüro CH-7551 Ramosch, Tel. 084-93110
Verkehrsbüro CH-7551 Sent, Tel. 084-91544
Verkehrsbüro CH-7549 Susch, Tel. 082-81146
Verkehrsbüro CH-7530 Zernez, Tel. 082-81300

Kino

Lediglich in Scuol werden während der beiden Saisonen im Gemeindehaus Filmveranstaltungen geboten.

Literatur, Führer

Reichste Fundgrube für Kunst und Geschichte Graubündens ist der Band »Graubünden« aus der Reihe »Unbekannte Schweiz«, herausgegeben vom Touring-Club der Schweiz, 250 Kunstdruckseiten mit zahlreichen Abbildungen und Skizzen, 42 Reisevorschläge.
Auch »Kunst und Kultur in Graubünden« als »Illustrierter Führer« von Willy Zeller, herausgegeben vom Verkehrsverein für Graubünden, ist eine empfehlenswerte Lektüre; 245 Seiten mit vielen Fotos, kartoniert. Diese Werke behandeln aber das ganze Graubünden. Engadin und besonders Unterengadin sind nur als bescheidene Teile vorhanden.
So auch das Buch »Graubünden, Sonniges Land am Rhein und Inn«, von Max Rieple, erschienen im Hallwag-Verlag: Es ist zwar das interessanteste Werk aus jüngster Zeit über Graubünden, aber eben nicht speziell dem Engadiner Raum gewidmet; 312 Seiten mit 48 Abbildungen, Leinen, farbiger Schutzumschlag.
Anders verhält es sich mit »Leuchtendes Engadin« von Paul Emanuel Müller aus dem Verlag Terra Grischuna, Zürich, erschienen 1972, und »Vielgestaltiges Graubünden« vom gleichen Autor und Verlag, 1979.
Nicht zuletzt muß das Buch »Der Inn, Gebirgsfluß dreier Länder«, von Nikolai Molodovsky und Hans Heyn aus dem Panonia-Verlag, Freilassing, genannt werden, auch wenn es sich über den knapp 90 km langen Engadiner Inn nur um einen kleinen Teil des Buches handeln kann.
Die Führer über die Berge des Unterengadins – Nationalpark, Engadiner Dolomiten und Silvrettagruppe – und die notwendigen Karten habe ich bereits im Beitrag »Berge und Täler« (Seite 71) aufgeführt.
Ergänzend dazu lege ich dem Bergwanderer das »Wanderbuch Unterengadin«, Band 4, aus der Reihe »Schweizer Wanderbuch« aus dem Verlag Kümmerly + Frey, Bern, besonders ans Herz; der Führer mit den vielseitigsten Möglichkeiten im Tal- und Bergbereich des ganzen Unterengadins; 35 Wanderwege und 7 Fernwanderungen sind gründlichst beschrieben, mit klaren Übersichtsplänen und für jede Wanderung ein Höhenprofil mit Höhenunterschieden, Entfernungen und Zeiten.
Natürlich bekommt man über jeden Verkehrsverein auch gute Informationsunterlagen über die jeweiligen Möglichkeiten in seinem Gebiet; der Kurverein Scuol z. B. gibt monatlich die Broschüre »Allegra« mit aktuellen Tips für Wanderungen, Sportmöglichkeiten und Veranstaltungen heraus.
Über das Gebiet von Tarasp gibt es eine sehr informative Broschüre von Josef Thomas Stecher: »Tarasp, ein Wegweiser für die Gäste und Freunde des Unterengadins«. Literatur und Führer über den Schweizer Nationalpark sind auf Seite 74 aufgeführt.
Neben dem Sachbuchangebot gibt es von Domenic Gaudenz, Dr. med. in Scuol, drei bemerkenswerte, köstliche Bücher, die einen in das Wesen des Tales und seiner Menschen eindringen lassen: »Erinnerungen eines Landarztes«, »Der Landarzt Domenic Gaudenz erzählt aus vergangenen Tagen« (beide im Calven-Verlag) und »Der Landarzt in Uniform« (1975, Selbstverlag).

Nationalparkhaus

Informationsstelle des Schweizer Nationalparks, geöffnet vom 1. Juni bis 31. Oktober von 10 bis 12 und 14 bis 18.30 Uhr; Juli bis Mitte August auch sonntags. CH-7530 Zernez, Tel. 082-81378.

Pass Lung

Volksskilauf über 25 km von Scuol nach Martina, erstmals im Februar 1975 vom Skiclub Lischana-Scuol veranstaltet; wird regelmäßig am dritten Januarsonntag ausgetragen. Informationen: Kurverein, CH-7550 Scuol, Tel. 084-99494.

Pro Engiadina Bassa

Der 1971 gegründete Verein (PEb) hat sich die Förderung der wirtschaftlichen, sozialen und kulturellen Interessen des Unterengadins und der benachbarten Talschaften wie Val Müstair zur Aufgabe gemacht. Die PEb wird seit März 1975 vom Bund (80%), vom Kanton (10%) subventioniert sowie von Gemeinden und Privatpersonen (10%) unterstützt. Zu den bisher verwirklichten Initiativen gehören die Winteröffnung des Flüelapasses (1975/76), Erwachsenenbildung in Lavin, Biologischer Garten in Lavin, Bauberatung und die 45-km-Langlaufloipe Scuol–Martina. Die PEb ist für jede dem Tal dienliche Idee dankbar. CH-7550 Scuol, Telefon 084-905 22.

Radiant Orbit

Geführte Skitouren im Unterengadin mit Station im Hotel Haus Paradies, CH-7551 Ftan, Tel. 084-913 25.

Rotary-Club

Lediglich in Scuol gibt es einen Club. Zusammenkünfte sind über Kurverein Scuol zu erfahren, Tel. 084-994 94.

Schweizerische Skischule Scuol

Gruppen- und Privatkurse, Kinder- und Langlaufkurse, Telefon 084-917 23.

Skihaus Chamanna Naluns

Ideal für Gruppen-Quartier im Winter, Telefon 084-916 01.

Straßen-Information

Aktueller Zustandsbericht für Unterengadin und Flüelapaß, Telefon 084-910 45, und 082-211 91 für gesamtes Engadin.

Trinkhallen

Sie sind in den gleichen Monaten in Betrieb wie die Bäder; genaue Öffnungszeiten sind im Kurverein Bad Scuol, Telefon 084-994 94, und Kurverein Bad Tarasp-Vulpera, Telefon 084-909 44, zu erfragen.

Verkehr

Reiste man bis zum Ersten Weltkrieg noch auf einem holperigen Fahrweg mit Postkutschen ins und durchs Engadin, dann – in den dreißiger Jahren – in Autobussen, so erfreut man sich heute im Tal und auf den Zubringerrouten der Rhätischen Bahn, deren Albulastrecke – Verbindung zwischen Chur und Engadin – heute noch die höchste und auch eindrucksvollste Bahnlinie Europas ist. Sie bringt den Bahnreisenden nach Samedan bzw. St. Moritz und erschließt auch noch das Unterengadin bis nach Scuol, stets entlang der wilden Innschluchten; die Fahrt wird zu einem wahren Reisevergnügen.
Mit dem eigenen Fahrzeug bieten sich aus dem südwestdeutschen bzw. bayerischen oder österreichischen Raum drei Möglichkeiten an:

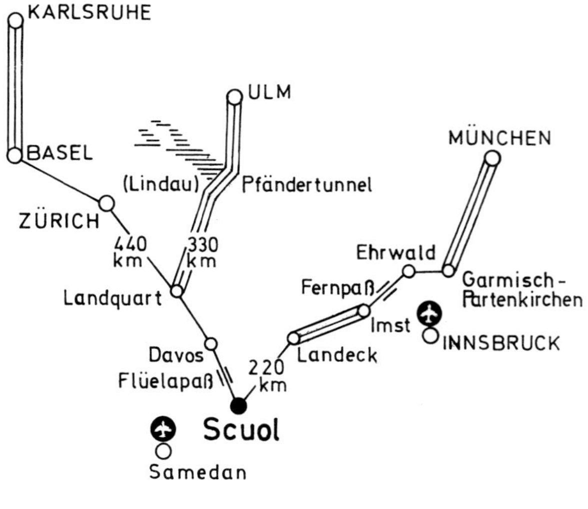

Rätische Bahn gegenüber dem Schloß Tarasp, über dem sich Piz Plavna Dadora (links) und Piz Plavna Dadaint (rechts) erheben. ▷ Dazwischen mündet das Val Plavna in die Gemeinde Tarasp.

Von Karlsruhe: Autobahn Basel – Zürich – Landquart (bei Chur) – Davos – Flüelapaß – Scuol, 440 km.
Von Ulm: vor Lindau durch Pfändertunnel – Landquart – Davos – Flüelapaß – Scoul, 330 km, im Winter empfiehlt sich von Lindau die Fahrt durch den Arlbergtunnel nach Landeck – Scuol.
Von München: Autobahn Garmisch – Ehrwald – Fernpaß – Imst – Landeck – Scuol, 220 km (von Landeck 60 km).
Die nächsten Flugplätze mit internationalen Anschlüssen sind Samedan im Oberengadin und Innsbruck. In der Hauptsaison verkehrt ein »Europabus« zwischen München und St. Moritz.

Viva

Das Trinkwort im Unterengadin heißt weder Prost noch Prösterchen, sondern »viva«, lebe, mit dem Sie alles, was Ihnen am Herzen liegt, hochleben lassen können – *viva*!

Wanderungen, Wildbesichtigungen

In Scuol, Tarasp und Zernez werden geführte Wanderungen und Wildbesichtigungen unternommen; Informationen über den jeweiligen Verkehrsverein (siehe Informationen, Adressen).

Rätoromanische Worterklärungen

Ajüz	spitzig, Piz Ajüz
Alp	Alp
Ardez	ard (irisch) = hoch, Ardwetios die Leute von der hohen Burg (Steinsberg bei Ardez)
Arosa	da rusas = vom Wildbach
Arsüra	ardere = brennen
Auta/Ota/Ata	hohe, hoch, Muott'auta
Avrona	Afrana = bei der Geröllhalde
Belvair	schöne Aussicht
Beschèr	Schafhirte, Chamanna dal Beschèr
Brail	Brigilos = Berg, Hügel
Brancla	branclar = einfassen, umfassen
Buin	bovinu = Ochse
Chalandamarz	Chalanda = anfangs des Monats
Chamanna	Hütte
Champatsch	campusaceu = großes Feld
Chantsura	chant = Steigung, sura = obere
Chapisun	chapütschun = große Mütze (?)
Charnadüras	charna = eng, enge Gasse
Chilcheras	Kalkofen
Clozza/Cluozza	clotton (gallisch) = Bodenvertiefung
Clünas	Herkunft unbekannt
Clüs	cludere = abschließen, Talabschluß
Dadaint	innen, innere, Murtera Dadaint
Dadoura	außen, äußere, Murtera Dadoura
Davos	tovum – tubus = Tobel
En	enos = Wasser (keltisch)
Era	Lagerplatz (in der Nähe einer Alphütte)
Ftan	Vettanu (?) Herkunft unklar
Funtana/Fontana	Quelle, Funtana dals Tofs
Futschöl	faucolittu = Schlund, Abgrund
Giarsun	garzon = Gänsedistel (?)
Gonda	Geröllhalde
Gotschna	coccinus = scharlachrot (lat.)
Grand/Grond	groß, Pra Grond = große Wiese
Graschitsch	fetter Boden
Guarda	Guardia = Wache
Guschnai	vucinetu = Rohr (Wasserleitung)
Immez	in der Mitte, Alp d'Immez = mittlere Alp
Jals	Hähne, Era da Jals = Lagerplatz der Birkhähne
Jon	Johann, Piz San Jon = Berg von Sankt Johann
Jonvrai	juniperus = Wacholderstrauch
Laret	larictum = Lärchenwald
Lavin	labina/lavina = Lawine (?)
Linard	Leonhard, Piz Linard (nach seinem Erstbezwinger?)
Lischana	Leuschana (?) Herkunft unklar
Macun	Herkunft unbekannt (Personenname?)
Madrisa	Mater + isa = Erdgeist, Fruchtbarkeitsgöttin
Marangun	oberste Weidenstufe mit kleiner Alphütte
Martina	Personenname
Mier	Plans Mier (?) Herkunft unbekannt
Mingèr	minariu = Bergwerk, Bergmann
Miranas	murusana = Mauern
Müstair	monasterium = Kloster
Mundaditsch	mundare = roden
Mundin	Mendin (?) Herkunft unbekannt
Munts	Bergwiesen
Muot(ta) Mot(ta)	Hügel
Murtera	mortarium = hochgelegene Weiden, Murtera Dadaint

Nair	schwarz, Piz Nair = der schwarze Berg
Naluns	aqua lone = Wassergräben, Motta Naluns
Nuna (Piz)	nona = neunte (die neunte Stunde anzeigend?)
Parsenn	prehennu = aus der Allmend genommen
Pisoc	Herkunft unbekannt, Piz Pisoc
Piz	apiz = spitzig = Berg
Plan	Ebene, Plan dals Pors = Schweineboden
Plasch	Placidum, Personenname, San Plasch
Plavna	Pladina (?) Herkunft unbekannt
Pors	Schweine, Plan da Pors
Pra	pratum = Wiese
Pracalögna	pratum colonia = Wiesenansammlung
Pradè/Prats	pratum = Wiesen
Pradella	pratum + ellu = Wiese
Prui	pratum vicus = Wiese der Gemeinde
Punt	Brücke, Punt sot = untere Brücke
Rätia	Herkunft unbekannt
Rätschenhorn	= Rätsche, Hanfbreche
Ramosch	Eremusia = Einsiedelei
Ruinas/Ruinains	Rüfe, Geröllhalde, Val da Ruinas
Ruschna	ruschnar = kriechen, rutschen, Val Ruschna
Salez	Salictum = Weidenstrauch
Samnaun	Sanctum Magnum (Magnuskapelle?)
San	sanctus = Sankt, Piz San Jon
S-chalambert	Herkunft unbekannt (Personenname?) Piz S-chalambert
S-chanf	Scanava (Herkunft unbekannt)
S-charl	Scarilas = die Einschnitte (gallisch)
Schlivera	schlavar = auswaschen
Scuol	scopulus = Felsklippe (Kirchenhügel)

Sella	Sattel, Mout da la Sella
Sent	sennos = Saatfeld (?)
Sesvenna	saxum venae = sassvaina = Fels mit Erzader
Sfondraz	= der eingesunkene Boden
Silvretta	Herkunft unbekannt
Sinestra	sinister = links (das linke Tal)
Spöl	spolos = schreien, brüllen
Strada	= Straße
Strela	Striaria = Hexe
Suot/Sot	unten, Alp suot = untere Alp
Sura	oben, Alp sura = obere Alp
Susch	segusiu = festhalten, Festung (?)
Tantersassa	tanter = zwischen, sassa = Steine
Tarasp	Terrae asprae = rauhe Erde (?)
Tasna	tassera = Dachs (?)
Tiatscha	tejatscha = große Almhütte
Tofs	Tuffsteine, Funtana dals Tofs
Trü	Herkunft unbekannt
Tschlin	cellinum = gemauertes Gebäude (?)
Tulai	tuletu = Föhre
Tuoi	tugio (gallisch) = Hütte
Uina	ovina (lat.) = Schaf (Schafalp)
Urezza	urets = gegen Norden gelegen, schattig
Vadrain	Herkunft unbekannt
Val	Tal
Valmala	mala = schlechte
Vastur	Herkunft unbekannt
Veglia	alte, Era veglia = alter Lagerplatz
Vermunt	Herkunft unbekannt
Vinadi	vinum = Wein (Opferwein?)
Vnà	Herkunft unbekannt
Vota	la vota = die Wende, die Kehre
Vulpera	vulparia = Fuchsloch
Zernez	Sarunetio (Alpenstamm?)
Zipla	Span (kleine, aus dem Wald gehauene Lichtung), Pra da la Zipla, Val Zipla
Zourt	surdus = taub
Zuoz	subtus = unter (?)

Stichwortregister

Introduction et table des matières

Lorsqu'on a – en tant qu'alpiniste, randonneur et skieur – sillonné les Alpes pendant plus de trois décennies d'est en ouest, du nord au sud et inversement et que l'on an pu entre-temps admirer également les autres montagnes du globe, on finit par s'arrêter un beau jour dans une région bien précise, un peu comme dans la vie pour ainsi dire. On ne ressent plus soudain l'attrait des grands espaces et on se détourne du monumental pour s'intéresser aux détails et à leurs caractères exquis, à l'homme qui vit dans ce paysage et qu'on a pris en affection, à son histoire, à son identité. La région de la Basse-Engadine m'a séduit. Un ami suisse, qui connaissait très bien sa région natale m'a dit un jour en parlant d'elle: «Commence par bien la regarder». J'ai suivi son conseil et ce fut le coup de foudre. Nous avons tous une fois vécu cette expérience, que ce soit dans une ville étrangère, dans un village, au cœur d'un paysage. Dès la première minute, on se sent à l'aise, on est envahi par un sentiment de bien-être et on éprouve le désir ardent de pénétrer plus avant dans cette aventure, de la saisir, de la vivre. Tous ces éléments doivent agir ensemble. Pour ce qui est de la Basse-Engadine, ces éléments sont les montagnes, l'ensemble du paysage avec son climat tempéré, le long et riche passé, les hommes avec lesquels il est si facile d'entrer en contact et plus encore les villages qui ont largement conservé leur originalité et pour lesquels on éprouve un penchant toujours plus grand face au nombre sans cesse croissant des grands centres anonymes. Une fois que tous ces éléments sont réunis, je m'intéresse alors aux possibilités qui me sont offertes en tant que skieur alpin, skieur de fond, randonneur, alpiniste, personne soucieuse de se détendre et fervente de canotage sur torrents. La Basse-Engadine est devenue ma seconde patrie. C'est ici que j'aimerais passer les plus jolis mois de ma vie restante, c'est ici que j'aimerais mourir. Je ne suis pas originaire de la région d'Engadine, mais c'est avec enthousiasme, avec conviction que je me plais à dire: «Ma bella val, mi Engiadina», ma belle vallée, mon Engadine (Début de la belle chanson glorifiant cette région). La Basse-Engadine a conquis une partie de mon cœur.
J'ai appris à aimer et à apprécier encore davantage la vallée et les hommes qui y vivent.

Toni Hiebeler

Pour le spectateur ou voyageur inattentif, l'Engadine reste l'Engadine, même si la Basse-Engadine ou Engiadina bassa se distingue fondamentalement de la Haute-Engadine ou Engiadina Ota, notamment en ce qui concerne le paysage, la végétation, le climat, l'aspect de maisons, les hommes et leur langue; en un mot, tout est différent, même les formes de tourisme.
Il est vrai que l'Inn forme l'artère vitale de la vallée principale, mais les deux régions ont une vie qui leur est propre. La Basse-Engadine est située aux confins du sud-est de la Suisse et jouit de par là-même d'une situation exceptionnelle. Près de Martina, là où l'Inn traverse les gorges sombres de la Finstermünz pour déboucher sur le Tyrol, nous pénétrons en venant d'Autriche dans la Basse-Engadine, soit directement à partir de la Schluchtstraße ou par Nauders voir le Tyrol du sud en franchissant les hauteurs du Norbert (1408 m). La Samnaun en fait certes encore partie, mais c'est déjà différent, même en ce qui concerne la race d'hommes qui y vit (abstraction faite de l'hystérie d'achat qui règne sur les marchandises exemptes de droit de douane). De Martina à Zernez, localité la plus élevée de la Basse-Engadine, via Strada, Ramosch,

Crusch, Bad Scuol, Ardez, Giarsun, Lavin et Susch, la distance est de 41 km.
Il faut également citer les villages et hameaux situés sur le côté gauche et sur le côté droit de la vallée. Tschlin, Chaflur, Seraplana, Vnà, Sent, Ftan, Bos-cha, Guarda sont situés sur le côté gauche de l'Inn; Sclamischot, San Niclà, Raschvella, Sur En (Sent), Pradella, Vallatscha, Sur En (Ardez), sur le côté droit. La localité principale de la Basse-Engadine est Bad Scuol. Au nord les massifs de la Silvretta et de la Samnaun forment une frontière naturelle, qui est également la frontière entre la Suisse et l'Autriche (Tyrol et Vorarlberg). Au sud et au sud-est, nous trouvons les Alpes du Münstertal avec le Parc National Suisse et les massifs de la Nuna, Plavna, Pisoc, Lischana (appelés «Dolomites engadinoises» et Sesvenna, parcourus sur le côté est par la frontière italienne (Tyrol du Sud). A l'ouest, nous trouvons le col de la Flüela, qui assure, la liaison avec la Suisse du nord-est. Voilà pour ce qui est de la situation géographique dans ses grandes lignes.

La table des matières suivante doit vous servir de clé pour ouvrir la porte qui donne sur les beautés de la Basse-Engadine.

Table des matières

Introduction and Contents

When one has gone through the Alps for three decades as mountaineer, hiker and skier from east to west, from north to south and back, in between times taken a look at the mountains of the world, then one, at some time, stays in one particular district. As in life. One no longer has any longing for big cities, turns away from monumental to detail with all its delights. And to the people in the chosen district, its history, its peculiarities. I have grown particularly fond of Lower Engadin. A Swiss friend, who knows his native country through and through, said to me years ago, "Look at it for yourself". I did. And it was love at first sight. Everybody knows the feeling, whether it's in a strange city, in a village, a landscape, one can feel at home within minutes, one feels safe and then one has a burning desire to investigate, to understand, to experience everything. On the whole everything has to work together. Relating to Lower Engadin: the mountains, the whole landscape with its mild climate, the rich and long past, the people, who one gets to know unusually quickly; last but not least, the villages, which have to a great extent stayed the same and which one learns to value more and more having seen the growing number of concrete cities. I can only become interested in the possibilities as skier, cross country skier, hiker, mountaineer, and rapids shooter. Lower Engadin became my second home. I would like to spend the best months of my further life in it, I would like to die in it. I am not a native of Engadin but I say this with enthusiasm, with conviction; "Ma bella val, mi'Engiadina". My beautiful valley, my Engadin (the beginning of the beautiful song), this Lower Engadin has won a place in my heart. I learned to love and appreciate the valley with its people even more.

Toni Hiebeler

For the fleeting visitor or traveller Engadin is Engadin, even though Lower Engadin – Engiadina bassa – differs fundamentally from Upper Engadin – Engiadinota. In the landscape, vegetation, climate, in the architecture, the people and their language, in everything. Even in the tourist industry.

The Inn is the life vein of the main valley, but each valley region has its own life. Lower Engadin is in an unusual situation because of its position in the south east corner of Switzerland. We enter Lower Engadin, coming from Austria, near Martina, where the Inn has forced its way through the dark Finstermünz Gorge into the Tyrol. Either directly on the gorge road or over the Norberthöhe (1408 m). The Samnaun belongs to it as well, but it is something quite different, particularly from the point of view of the people. It is 41 km from Martina through Strada, Ramosch, Crusch, Bad Scuol, Ardez, Giarsun, Lavin and Susch to Zernez, the highest village in Lower Engadin. The villages on the left and right sides of the valley are also counted. On the left of the Inn: Tschlin, Chaflur, Seraplana, Vnà, Sent, Ftan, Bos-cha, Guarda. On the right of the Inn: Sclamischot, San Niclà, Raschvella, Sur En (Sent), Pradella, Vallatscha, Sur En (Ardez). The main town in Lower Engadin is Bad Scuol. In the north the Silvretta and Samnaun group form the natural border, which is also the state border of Austria (Tyrol, Vorarlberg). In the south and south east the Münstertaler Alps with the Swiss National Park, the Nuna, Plavna, Pisoc, Lischana (also »Engadin Dolomites«) and Sesvenna group, whose eastern side forms the state border of Italy (South Tyrol). In the west the Flüela Pass, which makes the connection to northeastern Switzerland. That is, roughly outlined, the geographical situation.

The following table of contents is intended to act as a key to the beauties of Lower Engadin.

Contents

Bildnachweis

Alle Aufnahmen in diesem Buch stammen, soweit nicht anders angegeben, von Foto Feuerstein, Scuol.

Egler: Seite 117

Hiebeler: Seite 10, 20, 21, 22, 25, 29, 30, 33, 34, 37, 45, 51, 53, 54, 56, 58, 72, 77, 79, 81, 111, 112, 117, 124, 129, 132, 135, 139, 143.

à Porta: Seite 150

Schönauer: Seite 126

Die Zeichnungen auf den Seiten 66, 68 und 69 stammen von Corsin Feuerstein, die Kartenskizzen auf den Seiten 96 und 156 von Christa Sandtner.

Gr. Litzner 3109
Silvrettahorn 3243.7
Signalhorn 3207
Egghorn 3147
Silvretta-Hütte 2341
Silvrettapass
Verstanclahorn 3297.6
P. Buin 3312
Ochsental
Ochsenkopf 3057
Ochsentalerscharte 2913
Wiesbadner Hütte 2443
Dreiländerspitz 3197
Gemsspitz 3107
P. Tuoi 3084
Jamtal
Jamtal-Hütte 2165
Augstenberg 3230
Fluchthorn 3397
V. Fenga
Heidelbergerhütte
2264
P. Faschalba 3048
P. Tasna 3179.3
P. Fliana 3281
Chamanna Tuoi 2250
V. Urschai
P. Linard 3410
ereinapass
2585
V. Lavinuoz
V. Urezzas
P. Minschun 3068.2
V. Tuoi
P. Clünas 2793
Chamanna
Marangun SAC 2023
P. Cotschen 3030.5
Alp Suot 2018
Chamanna
Linard 2499.4
Chamanna
Schlivera 2391
Chamanna
Naluns
V. Sagliains
V. Tasna
Alp Laret 2206
Chamanna Cler 2476
Prui
Motta Naluns
Alp Sura 2119
Larschs
Lavin
V. Susasca
Guarda
Giarsun
Bos-cha
Ardez
Flona
Ftan
Susch
Sur En
En
BAD SCUOL
Scuol
Tarasp
Vulpera
Avrona
Clemgia
V. S-charl
V. Plavna
Zernez
St. Moritz